陕西省"十四五"教育科学规划课题：实践共同体视域下幼儿教师培养路径研究(SGH22Y1445)
咸阳师范学院教改项目：学前教育专业实践教学及运行机制研究(2019Y020)
咸阳师范学院学术著作出版基金资助项目

幼儿教师专业发展研究

官瑞娜　著

·南京·

图书在版编目(CIP)数据

幼儿教师专业发展研究/官瑞娜著. -- 南京:东南大学出版社,2024.9. -- ISBN 978-7-5766-1526-5

Ⅰ. G615

中国国家版本馆 CIP 数据核字第 2024E96K38 号

策划编辑:邹 垒 责任编辑:褚 婧 责任校对:张万莹 封面设计:毕 真 责任印制:周荣虎

幼儿教师专业发展研究
You'er Jiaoshi Zhuanye Fazhan Yanjiu

著　　者	官瑞娜
出版发行	东南大学出版社
出 版 人	白云飞
社　　址	南京市四牌楼 2 号　邮编:210096　电话:025-83793330
网　　址	http://www.seupress.com
经　　销	全国各地新华书店
排　　版	南京布克文化发展有限公司
印　　刷	苏州市古得堡数码印刷有限公司
开　　本	787 mm×1092 mm　1/16
印　　张	11.25
字　　数	220 千
版 印 次	2024 年 9 月第 1 版第 1 次印刷
书　　号	ISBN 978-7-5766-1526-5
定　　价	68.00 元

本社图书如有印装质量问题,请直接与营销部联系(电话:025-83791830)

引言

教育大计，教师为先。关注教师专业发展、重视师资队伍建设长久以来都是党和国家教育政策的重心和关键。目前，我国正在从"教育大国"迈向"教育强国"，高质量的教师队伍是迈向"教育强国"的有力保障。学前教育是我国教育体系的起始环节，促进幼儿教师的专业发展是促进学前教育质量提高及构建新时代高质量教育体系的必然要求。

过去十多年，我国学前教育取得了显著性发展。为了促进学前教育的发展，国家出台了一系列政策举措，实施了学前教育行动计划，加大了对学前教育的经费支持力度，学前教育得到了跨越式发展。随着我国学前教育事业的迅猛发展和新时代教师队伍建设改革的全面深入推进，随着学前教育从规模发展走向内涵发展，幼儿教师专业发展的关注度不断提高，而如何通过促进幼儿教师专业发展来全面提高幼儿园教师质量、建设一支高水平的教师队伍就成为关注的重点。

与其他阶段教师相比，幼儿教师专业发展情境性和实践性的要求更强，挑战性也更强。第一，幼儿的年龄比较小，需要教师更多的呵护，因此幼儿教师的工作体现了保中有教、教中有保、保教结合的特点；第二，幼儿教师需要全面负责幼儿园的整个活动，不仅需要照顾幼儿的生活起居、饮食睡眠，了解幼儿的生活、游戏、学习等方式，还需要引导家长树立科学的教育观念并运用正确的教育方法，为幼儿的发展创造良好的学习环境；第三，根据幼儿具体形象思维的特征，幼儿园儿童的学习方式主要是在操作中学习、在体验中成长，对于幼儿来说，"大自然、大社会都是活教材"，因此幼儿教师要全面参与到幼儿园课程的设计、实施和评价之中；第四，幼儿教师是幼儿进入社会后面对的重要群体，幼儿的向师性最为明显，这阶段幼儿教师对儿童的影响尤为重要。因此，幼儿教师要不断体现自己的专业性，提升教育理念和职业道德，尤其是需要对幼儿及幼儿园教育保持热爱；丰富科学文化知识，更加理解和明晰幼儿的需求与发展；掌握促进幼儿发展的能力，特别是观察和分析儿童行为的能力、创设环境和挖掘资源的能力、组织和实施各种活动的能力等，从而使自身的专业素养更强。唯有如此，幼儿教师才能够全面支持儿童的发展，促进学前教育质量的提高。

幼儿教师的专业发展不仅需要经过专业机构的专业教育和培养，还需要教师不断在职学习和提升。为了进一步对幼儿教师的专业发展进行研究，本书分析了学前教育高质量发展背景下幼儿教师的角色变迁路径，解读了幼儿教师专业发展的内涵和现状，并对影响幼儿教师专业发展的影响因素进行了分析。本书结合职前职后一体化的要求，分析了目前幼儿教师的职前和职后培养现状与培养路径，幼儿园园本课程建设与教师共同体对幼儿教师专业发展的影响，并在此基础上提出了促进幼儿教师专业发展的建议。通过这些研究，本书期望能够对目前的幼儿教师发展提供一定的参考，促进幼儿园熟悉了解幼儿教师的专业发展现状，并能通过幼儿园的管理和培训促进教师发展，同时对于高校设置学前教育课程、改革人才培养方案提供建议。

咸阳师范学院官瑞娜

目录

第一章　学前教育高质量发展背景下幼儿教师的角色变迁与重构 001
　　第一节　学前教育高质量发展概述 003
　　第二节　学前教育高质量发展背景下幼儿教师的角色变迁 007
　　第三节　学前教育高质量发展背景下幼儿教师的角色重构 010

第二章　幼儿教师的专业发展概述 015
　　第一节　幼儿教师专业发展的内涵剖析 017
　　第二节　幼儿教师专业发展的内容构成与核心理念 021
　　第三节　幼儿教师的专业发展阶段 026

第三章　幼儿教师专业发展的现状及影响因素 033
　　第一节　幼儿教师专业发展的现状 035
　　第二节　幼儿教师专业发展存在的问题分析 058
　　第三节　幼儿教师专业发展的影响因素分析 062

第四章　幼儿教师专业发展的取向 069
　　第一节　幼儿教师专业发展的理智取向 071
　　第二节　幼儿教师专业发展的实践—反思取向 075
　　第三节　幼儿教师专业发展的生态取向 078

第五章　幼儿园园本课程建设与幼儿教师专业发展 083
　　第一节　幼儿园园本课程概述 085

第二节　园本课程建设中的幼儿教师专业发展 …………………… 095

第六章　幼儿教师的职业培养 …………………………………………… 103
　　第一节　高质量教育体系与幼儿教师职前教育 …………………… 105
　　第二节　幼儿教师职前培养路径 …………………………………… 111

第七章　幼儿教师的职后培养 …………………………………………… 121
　　第一节　幼儿教师职后培训的现实诉求 …………………………… 123
　　第二节　幼儿教师职后培训的问题 ………………………………… 126
　　第三节　幼儿教师职后培训的策略 ………………………………… 129

第八章　"高校-幼儿园"教师共同体建构与幼儿教师专业发展 ……… 133
　　第一节　教师共同体的特征 ………………………………………… 135
　　第二节　"高校-幼儿园"教师共同体的建构 ……………………… 140
　　第三节　"高校-幼儿园"伙伴关系的建立 ………………………… 145

第九章　幼儿教师专业发展的环境支持 ………………………………… 153
　　第一节　幼儿教师专业发展的外部环境支持 ……………………… 155
　　第二节　幼儿教师的专业自主发展 ………………………………… 161

附件1：幼儿教师专业发展访谈提纲 …………………………………… 166
附件2：幼儿教师专业发展调查问卷 …………………………………… 167

参考文献 ………………………………………………………………… 171

第一章

学前教育高质量发展背景下幼儿教师的角色变迁与重构

第一节　学前教育高质量发展概述

教育质量是教育现代化的核心要求。过去十多年中,我国持续、稳步推进学前教育健康发展,实现了学前教育的基本普及和普惠,学前教育的发展目标也从"基本普及学前教育"提升为"普及有质量的学前教育",这意味着学前教育已经结束了粗放式的规模扩张,走向了内涵式的质量提升。从"幼有所学"到"学有优教",从追求"有学上"到追求"上好学"的变化推动着学前教育事业的不断发展,为人民群众提供更高质量的教育,成为新时代建设高质量教育体系的必然要求。

一、学前教育高质量发展的特征

"质量"一词包含了两层含义,既有"质"的内涵,也有"量"的要求,"一是表示物体惯性大小的物理量,有时也指物体中所含物质的量;二是产品或工作的优劣程度。探寻教育的'质量',就是对教育在'质'与'量'两个维度上达到优质状态的追寻,也是对教育的终极目标满足服务对象的需求——人的发展需要的追寻"[①]。

首先,"普及普惠"是学前教育高质量发展的基础。2010年11月,《国务院关于当前发展学前教育的若干意见》提出,发展学前教育,必须坚持公益性和普惠性。随着三期"学前教育三年行动计划"的颁布和实施,学前教育的"普惠性"要求得到进一步探索和发展。2018年11月,《中共中央　国务院关于学前教育深化改革规范发展的若干意见》指出,到2020年基本建成广覆盖、保基本、有质量的学前教育公共服务体系,进一步明确了学前教育公益普惠基本方向,提出了推进学前教育普及普惠安全优质发展的重大举措。党的二十大报告再一次强调学前教育"普惠发展",充分体现了国家对高质量发展"普惠性"学前教育的高度重视和战略指引。为解决"入园难"的问题,各地政府有针对性地新建、改扩建了一批公办园,将小区配套幼儿园纳入公办园体系,多渠道增加公办园数量。为解决"入园贵"的问题,国家以公共财政投入为主分担学前教育成本,公办幼儿园收费由政府定价,普惠性民办幼儿园执行政府指导价或最高限价并接受财政扶持,由家庭负担的学前教育支出逐渐回落到合理区间。随着普惠性学前教育资源供给的持续增加,人力、财力、物力等保障机制的逐步完善,以及幼儿园保教质量的全面提升,人民群众的幸福感和获得感显著增强。"普及普惠"已成为学前教育高质量发展的基础。

其次,"促进儿童和谐发展"是学前教育高质量发展的本质。教育的本质是培养

---

① 侯莉敏,刘倩.我国学前教育事业实现高质量发展的时代价值与路径取向[J].学前教育研究,2023(6):1-10.

人,人是教育的出发点,教育的高质量就是育人水平的高质量,育人为本是教育发展的核心命题和价值取向。因此,保教质量的提升,需要我们切实遵循学前教育规律和幼儿身心发展规律,充分尊重幼儿的学习方式,坚持以游戏为基本活动,珍视幼儿游戏活动的独特价值,保护幼儿的好奇心和学习兴趣,尊重个体差异,鼓励和支持幼儿通过亲近自然、直接感知、实际操作、亲身体验等方式学习探索,促进幼儿自由和谐发展。多年来,在国家政策的引导、教育专家的呼吁、幼儿园一线教师的实践下,学前教育的科学化有了比较大的提升。但是当前学前教育实践中仍存在一些违背教育规律、违背幼儿身心发展规律的做法和行为,如无视儿童需要、超前教育、重智轻德等,这些做法本身不具有教育性,背离了教育的本质,严重影响了幼儿的身心发展健康。推动学前教育高质量发展,就是要摒弃教育的功利化行为,引领学前教育回归本源,提升学前教育高质量发展的内生动力。

最后,"追求超越"是学前教育高质量发展的目标。质量教育体系的建设意味着更加追求公平、突出质量,高质量是其内在的本质追求。而改革创新是高质量教育发展的动力源泉,因此,不断寻求教育创新、积极推进育人方式的变革,就是高质量教育体系建设的题中之义。但是,学前教育高质量发展仅仅满足于寻常标准还不够,这只是学前教育普惠优质发展的底线要求。学前教育高质量发展需要在原有基础上有更高的提升与更远的追求,不断回应人民群众对优质学前教育价值迭代和质量提升的现实诉求。作为国民教育序列中基础教育的基础,学前创新教育是培养创新人才的奠基工程。研究发现,幼儿期是培养想象力和创造力的最佳发展期。保护、启迪与发展儿童的创造力就是把握了国家与民族未来发展的命脉,具有重要而深远的意义。因此,高质量的学前教育,强调为幼儿创设富有个性化与创造性的环境,相信每名儿童都是独一无二的个体,欣赏儿童的独特性,激发儿童自主解决问题和创造性实践的能力,帮助儿童成为一个学会学习的个体。

二、高质量发展是学前教育的时代诉求

学前教育是终身学习的开端,是国民教育体系的重要组成部分。为了促进学前教育的公平发展和质量提升,2010年,《国家中长期教育改革和发展规划纲要(2010—2020年)》设立"学前教育"专章,提出"基本普及学前教育"。同年10月,《国务院关于当前发展学前教育的若干意见》颁布,提出要坚持学前教育的"公益性"和"普惠性","保障适龄儿童接受基本的、有质量的学前教育","统筹规划,实施学前教育三年行动计划"。从2011年开始,经过连续三期学前教育行动计划的推动,各级政府积极扩大学前教育资源,通过新建、改建、扩建公办园,规范小区配套园,调整办园结构,鼓励社会力量办园等有益措施,逐年安排建设普惠性幼儿园,在园幼儿数和学前教育毛入园率呈稳步增长趋势,学前教育的普及普惠得到了跨越式发展。截至2022年,全国普惠性幼儿园24.57万所,占全国幼儿园的比例为84.96%,实现了广

覆盖、保基本、有质量的学前教育公共服务体系建设。

随着学前教育普及、普惠程度不断提高，学前教育开始从规模式发展走向高质量内涵式发展。特别是随着人口出生率的降低，社会对学前教育的质量要求逐渐提升，希望学前教育能够提供更全面、个性化和高质量的教育。2018年，中共中央、国务院印发《关于学前教育深化改革规范发展的若干意见》，把"推进学前教育普及普惠安全优质发展"作为学前教育发展的基本指导思想，提出"推进学前教育普及普惠安全优质发展，满足人民群众对幼有所育的美好期盼"。2019年，中共中央、国务院印发的《中国教育现代化2035》提出将"普及有质量的学前教育"作为主要发展目标之一。2021年12月9日，教育部等九部门发布的《"十四五"学前教育发展提升行动计划》除进一步要求提高学前教育的普及普惠水平之外，特别强调了学前教育仍是整个教育体系最薄弱的环节，还存在着经费投入不足、成本分担机制不健全、教师待遇保障不到位、科学保教水平有待提高等突出问题，提出了促进学前教育"高质量发展"的要求。党的二十大报告指出，要"坚持以人民为中心发展教育，加快建设高质量教育体系，发展素质教育，促进教育公平"。2022年，《幼儿园保育教育质量评估指南》的颁布进一步为提高幼儿园的办学水平和保教质量指引了方向。

通过多年来的教育政策我们可以看出，学前教育事业在党的关怀与领导下实现了跨越式发展，基本解决了"入园难""入园贵"问题，整体上已经走过了总量增长和规模扩张的外延式发展阶段，开始进入内涵式发展新阶段。2021年全国共有幼儿园29.48万所，比2020年增加3 117所，增长1.07%。全国在园幼儿数达到4 805.21万，全国学前教育专任教师总数达到319.10万人。但是从2022年开始，学前教育的规模开始呈现缩减趋势，这是继2007年之后，全国幼儿园数量首次下降。2022年，全国共有幼儿园28.92万所，比2021年减少5 610所。全国在园幼儿数4 627.55万人，比上年减少177.66万人，下降3.70%。这一年的专任教师有所增加，专任教师324.42万人。因此，下一个阶段的学前教育发展任务就是从"有学上"转向"上好学"，实现从"普及普惠"到"有质量"再到"高质量"的转变，从而为学前儿童的一生发展奠定良好的基础。

三、幼儿园教师专业发展是学前教育高质量发展的保障

幼儿教师是学前教育事业的核心，幼儿教师队伍的整体素质关系到学前教育事业发展的质量。2021年3月，习近平总书记在全国政协十三届四次会议医药卫生界、教育界委员联组会上提出："教师是教育工作的中坚力量。有高质量的教师，才会有高质量的教育。"随着我国学前教育从体量扩大向结构调整、质量提升、公平推进进行转变，社会对幼儿教师的素养提出了更高的要求，幼儿教师在幼儿发展中的作用和地位受到空前肯定，幼儿教师专业发展也不断引发重视。《幼儿园教师专业标准（试行）》《幼儿园园长专业标准》《关于全面深化新时代教师队伍建设改革的意

见》《新时代幼儿园教师职业行为十项准则》等文件的相继颁布就是对幼儿教师素养日益关注的重要表现。

2010年7月颁布的《国家中长期教育改革和发展规划纲要(2010—2020年)》提出了"严格执行幼儿园教师资格标准,切实加强幼儿园教师培养培训,提高幼儿园教师队伍整体素质"的发展要求。2014年,习近平总书记在北京师范大学考察时明确指出:"国家繁荣、民族振兴、教育发展,需要我们大力培养造就一支师德高尚、业务精湛、结构合理、充满活力的高素质专业化教师队伍,需要涌现一大批好老师。"2018年,《关于全面深化新时代教师队伍建设改革的意见》提出,"造就党和人民满意的高素质专业化创新型教师队伍,落实立德树人根本任务,……全面提高幼儿园教师质量,建设一支高素质善保教的教师队伍"。2021年,习近平总书记在两会上强调,"教师是教育工作的中坚力量。有高质量的教师,才会有高质量的教育"。2021年4月,教育部发布《学前教育专业师范生教师职业能力标准(试行)》,围绕师德践行能力、保育和教育实践能力、综合育人能力、自主发展能力四项核心能力提出了细化要求,这也是我国第一个针对学前专业师范生的标准性文件。2022年颁布的《幼儿园保育教育质量评估指南》明确指出,不仅要评估办园方向、保育与安全、教育过程和环境创设,还要评估幼儿教师队伍。其中,关于教师队伍的评价,包括师德师风、人员配备、专业成长和激励这四个重要因素,主要目的是促进幼儿教师的专业发展。

多年来,随着学前教育规模的不断发展,目前幼儿专任教师队伍不断扩大,师生比逐步缩小。2022年,学前教育专任教师324.4万人,是2010年的114.4万人的近三倍。特别是2012—2015年,全国专任教师总量连续迅速增长,年均增长率达11.51%。教师队伍的不断扩大推动了学前教育的发展,但是仍然难以满足学前教育高质量发展的需求。目前,学前教育仍然存在幼儿教师队伍学历水平不高、知识结构失衡、教育教学能力有待提升等问题。为了加快推进学前教育现代化进程,我们目前需要建设一支高素质教师队伍,提高幼儿园的保教质量水平,对幼儿教师从"量"的规范建设走向"质"的监测发展,以促进儿童的全面和谐发展。因此,关注教师专业发展,促进幼儿教师在专业知识和技能、教育理念和思想、师德素养和行为、学习和创新能力、观察和指导能力、沟通和合作能力以及实践和反思能力等方面的提升,有助于推动学前教育的进步,提高幼儿教育的质量。2010—2022年学前教育专任教师数量发展走势如图1-1所示。

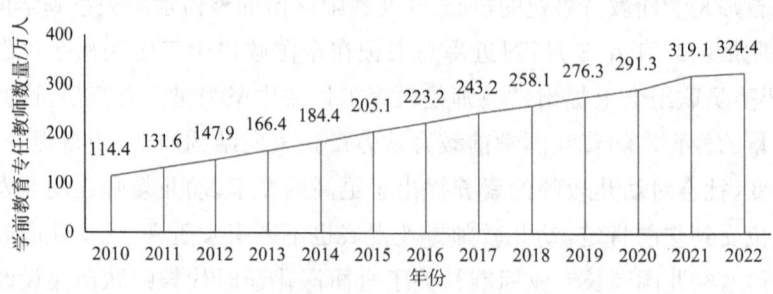

图 1-1　2010—2022 年学前教育专任教师数量发展走势图

第二节　学前教育高质量发展背景下幼儿教师的角色变迁

高素质的教师队伍是实现高质量教育发展的前提,学前儿童的和谐发展是高质量发展的核心,随着学前教育高质量发展的提出,幼儿教师从量的扩大走向了质的要求。在此过程中,教师的角色也将被重新定位,以适应教育发展的新要求。

一、幼儿教师角色的历史变迁

幼儿教师的使命与角色伴随着社会的发展和教育理念的更新不断产生变化。古代的学前教育,主要是在家庭中完成的。儿童的教养任务主要由母亲承担,少数富贵人家由经过挑选的女奴或女仆承担。18世纪末19世纪初,机器大工业的产生和发展冲击了以家庭为单位的生产方式,大量小农和手工业者破产,失业,大批妇女为了生活走出家庭,寻找职业。资产阶级为了获取廉价的劳动力,雇用了大批女工和童工。幼儿无人照顾,流落街头,智力落后,死亡率极高,造成了严重的社会问题。因此,在资本主义发展的早期,由于社会的需要,一些慈善家及企业家开始创办学前公共教育。这些学前教育机构带有的慈善性质较多,基本上以儿童的保育为主。这个阶段的幼儿教师主要扮演"看护者"的角色。

19世纪末,工业技术革命推动生产力的飞跃发展,同时生产力的发展对教育提出了新的要求,学前教育机构在保育的基础上开始关注教育的功能。1837年,德国的福禄贝尔创办了一所招收3~7岁幼儿的教育机构,并于1840年将其命名为幼儿园,意思是儿童的乐园,该幼儿园被认为是第一所真正意义上的学前教育机构。幼儿教师作为"教育工作者"的角色开始体现。这一时期,师范教育在各国不断兴起,教育学(pedagogy)被理解为"教学实践的艺术"和"教学的一套技艺",这体现出一种对教师发展的"知能关注"和"技艺关注"[①]。人们普遍关注的是教师的知识储备和教学的技能技巧,幼儿教师的角色被定位为知识的传授者。

20世纪以后,信息化时代的知识呈爆炸式增长,为了促进教育质量的提升,各国开始加强对师资的培养。特别是二十世纪四五十年代以来,随着原子能的利用、电子计算机的发明和空间技术的发展,知识更替的越来越快,整个教育领域的人才培养模式发生了迅速的变化。随着心理学和生理学研究的不断深入,受建构主义的影响,社会对教育尤其是对幼儿教育的期待也在不断变化,从最初的重视知识传授,到

---

① 姜勇,郑楚楚. 汇聚与变革:改革开放40年幼儿园教师专业发展历程解析[J]. 学前教育研究,2019(3):31-40.

更加强调孩子的全面发展、个性化教育和心理健康等,这也催生了对教师专业性的关注。随着21世纪科学技术的迅猛发展,社会已经进入以互联网和人工智能为显著标志的信息社会。年轻一代从网络上快速获取信息,掌握最新的科学知识,教师不再是知识的权威。教会儿童"学会学习,学会做事,学会合作"成为教师新的使命,为了促进这一使命的达成,教师作为儿童活动的支持者、观察者和引导者的角色日益得到普遍的认同。另外,这一时期,学者对于教师知识结构和教师专业性的研究成果,催生了人们对教师"实践智慧"和"反思能力"的关注。教育实践的丰富性得到了认同,并且人们认为教育应该是幼儿在体验中学习,教师在行动中体验、在实践中反思,教师作为研究者和反思者的角色被提了出来。

二、我国幼儿教师的角色发展

我国古代的幼儿教育也主要由家庭承担。但在宫廷中,人们会聘请专门的人员对幼儿进行教导。宫廷教育方面,我国西周时期就有"保傅制度""三母制度",专门负责对君主及太子进行教谕。保傅制度所教的内容主要包括了德、智、体等方面,设有太师、太傅、太保等官职,合称"三公",他们的副职分别是少师、少傅和少保,合称"三少"。保,即保其身体,负责身体保育方面;傅,即付之德义,负责道德培养方面;师,即道之教训,负责文化知识教育方面。这三个方面的分工合作,体现了较全面的教育。三母制度是指在后宫挑选女子担任保姆,共同负责皇室继承人的德行和日常生活起居的培养和料理,包括子师、慈母和保姆三种角色。"子师,教示以善道者;慈母,知其嗜欲者;保姆,安其居处者。"这就是说,子师负责皇室继承人行为规范的教育,慈母负责皇室继承人衣食及其他生活需要的供给,保姆负责皇室继承人居室的安置料理。从中可以看出,我国一直比较重视儿童的教育。由于阶级性和阶层性的影响,不同社会地位下儿童所受教育的形式及教育内容也是不同的。但这个时候对教师的要求主要停留在粗浅的知识和能力上,也没有对幼儿教师进行专门培训的机构,幼儿教师并没有成为专业化的职业。

1903年9月,湖北巡抚端方在武昌阅马场创办了我国第一所公立幼稚园。幼稚园内附设女子学堂,培养幼稚园"保姆",招收15~35岁女子专门学习保育科目,堪称是中国人自办的最早的幼稚师资培训班[①]。1904年,清政府颁布《奏定学堂章程》,明确规定了各级各类教师任职资格。其中,幼儿园教员要求为女性,由女子师范学堂毕业生担任。1907年的《女子师范学堂章程》规定,"女子师范学堂以养成女子小学堂教习,并讲习保育幼儿方法,期于裨补家什,有益家庭教育为宗旨"[②]。这比清末以前规定的初识文字或不识字的节妇、乳媪充当保姆及实施蒙养家教合一的教育宗旨

---

① 夏巍.自我与他者:幼儿教师身份自我理解研究[D].成都:四川师范大学,2022.
② 夏巍.自我与他者:幼儿教师身份自我理解研究[D].成都:四川师范大学,2022.

前进了一大步。

民国时期的教师任职资格基本沿袭先期的框架标准并不断充实和细化,对各级教师有了学历要求,但幼儿园教师还没有受到足够重视,仅做了性别要求(女性)且有国民学校正教员或助教员身份,或经检定合格者均可担任的规定。随着幼稚师范学校的兴办,幼师标准得以明确。1943年,《幼稚园设置办法》规定幼稚园教员以幼稚师范学校毕业或具有小学教员资格、曾任幼稚园教员一年以上女子为合格。

二十世纪五六十年代,幼儿教师被称为"教养员",幼儿教师的职业属性更多体现为集体性教养意义上的管理者,强调幼儿养育和集体教养。1981年,教育部下发《幼儿园教育纲要(试行草案)》,将"教养员"改为"教师",幼儿园教师开始逐渐摆脱单纯地对儿童身体养护与照料的"养护者"和"保姆"形象,成为促进儿童身体、智力、情感、社会性等多方面和谐发展的教育工作从业者。但是这一时期,"技艺观"还是比较明显的,幼儿教师们普遍被关注的是"能歌善舞"的技巧。2001年,《幼儿园教育指导纲要(试行)》颁布,规定"教师应成为幼儿学习活动的支持者、合作者、引导者"。2012年的《幼儿园教师专业标准(试行)》提出了"师德为先""幼儿为本""能力为重"和"终身学习"的基本理念,明确提出幼儿园教师是对幼儿实施保育和教育的专业人员,强调合格的幼儿园教师必须富有爱心、责任心、耐心和细心,必须关爱幼儿、尊重幼儿,做幼儿健康成长的启蒙者和引路人。

第三节　学前教育高质量发展背景下幼儿教师的角色重构

党的二十大报告提出，坚持以人民为中心发展教育，加快建设高质量教育体系，发展素质教育，促进教育公平。学前教育是高质量教育体系中最基础的和起始的环节，为儿童的后继学习和终身发展奠定了坚实的基础。高质量的学前教育的本质是促进儿童全面和谐发展，使儿童能够适应新时代社会的发展要求。随着信息化时代网络的普及和发展，知识资源被教师垄断性地占有和使用的状态已经改变，教师知识权威的身份已不能维持。当代幼儿通过电影、少儿节目、图书、画报等传播媒介所接触的知识已经越来越多，有时甚至通晓教师未涉及的知识，因此，幼儿教师的"知识权威"被消解。与此同时，幼儿的主体意识不断增强。新时代的幼儿独立意识强，敢于接受新鲜事物，敢于尝试，敢于质疑权威。学习成为一种双向互动的状态，教师需要激发创造性劳动，使学生能够适应这个变化的时代，实现自己的人生价值。因此，教师的角色也被重构。

一、幼儿教师是幼儿学习探索的支持者、合作者与引导者

"传道、授业、解惑"是人们对传统教师角色的认识。在传统的师幼关系中，教师处于绝对权威的地位，而幼儿严格按照老师的要求进行活动，教育教学被演变成为程序化的活动。随着学前教育人才培养理念的转变，教师要能够支持儿童的想法，与儿童一起进行合作与探究，并在此基础上引导儿童成长。于是，教师就从知识的传递者、活动的管理者成为幼儿的"支持者、合作者和引导者"。在师幼互动中，教师不再处于绝对权威的地位，而是通过敏锐的观察与平等的沟通交流，促使幼儿不断产生新的思想火花，是一棵树摇动另一棵树，一朵云推动另一朵云，一个灵魂唤醒另一个灵魂。

教师是儿童学习活动的支持者。皮亚杰认为，幼儿是主动的学习者和建构者，他们并不是消极被动地去完全接受外界的影响，而是通过自身的内部作用来选择对外界刺激的接受程度，从而形成自己的知识经验和思想感情。教师要能够支持儿童的想法和创意，学会创设促进幼儿发展的学习环境，通过不同的方式支持幼儿的学习，鼓励幼儿探索发现和研究问题，调动儿童学习的主动性与积极性，使儿童能够自由地发展。

幼儿教师是幼儿学习探索的合作者。在学习过程中，教师并不是直接带领儿童操作、直接告知他们答案，而是在观察的基础上通过与幼儿沟通交流，发现幼儿的兴

趣及需要,与幼儿一起提出问题、探究问题并解决问题。在这个过程中,教师与儿童之间是一个平等的合作关系。教师的成长与儿童的成长是一个连续体,是一个不可分割的整合体。教师要从心理上、情感上认同自己也是一个学习者,必须不断向儿童学习。因此,幼儿教师的专业能力不再是传统的钢琴、跳舞等技能技巧的体现,幼儿教师的专业性主要体现在一日生活的组织与实施、游戏的组织与指导、教学活动设计、沟通与评价、反思与发展等专业性更强的素质上。教师不再是居高临下地指导儿童,相反,教师与儿童之间互相学习、教学融合、共同发展。

幼儿教师是幼儿学习探索的引导者。发挥幼儿的主体地位,并不意味着教师对儿童的放任。相反,在共同的学习活动中,教师需要不断对儿童的想法进行肯定和启发,并发现儿童的闪光点;能够及时对儿童的想法和行为进行恰当的评价,并能够清楚用何种方式支持儿童的发展,从而使儿童的学习经验能够更加深化。比如,目前有一些幼儿园,把各种生活场景搬进幼儿园,各种各样的角色游戏看起来非常热闹,但是如果只是儿童自己做游戏而没有教师的引领学习,那么儿童的学习经验就会一直停留在原地。

二、幼儿教师是幼儿学习的观察者与研究者

幼儿教师是幼儿学习的观察者。幼儿教师的观察既是幼儿园课程和教学的起点,也是幼儿园各类活动的基础。《幼儿园教师专业标准(试行)》强调观察在幼儿教育中的特殊地位,提出教师要以观察的方式了解、关注、尊重、发现幼儿。教师促进幼儿高质量学习的基础是理解和了解儿童,能够对儿童的行为进行深入的分析和判断并能够给予恰当的支持,促进儿童在原有的基础上得到良好的发展。在这个过程中,教师就会从传统的重视教师的"教"走向关注儿童的"学",聚焦儿童的兴趣与需求,使每个儿童的独特性和优势得以发展。教师也通过观察儿童获取更加客观的信息和对儿童的完整认识,从而支持儿童的有意义学习。

幼儿教师是幼儿学习的研究者。教师不断追寻儿童的发展规律、解读儿童内心世界的过程,其实就是在教育实践中研究儿童、重新建构自己对儿童的认识的过程,教师自身就成为教育实践及儿童行动的研究者,并获得了学习与发展,深化了对教育的理解。在此过程中,教师不再是按照教材进行教育教学的执行者,而是不断形成自己对儿童的认识,获得更鲜活的教育实践知识,拥有更强的教育智慧。

三、幼儿教师是教育实践的反思者和研究者

幼儿教师是教育实践的反思者。教育实践中,没有放之四海而皆准的教育经验,教师只有不断重构自己的知识体系和经验,不断反思教育实践,才能在教育中不断理解和解读儿童的行为,与儿童进行积极互动,促进儿童的多样化学习。所以,教师是需要在实践中反思、在实践中学习的。当教师不断学习、自我成长的时候,就会

对自己的教育实践进行不断反思。同样,当教师能够不断反思自己的教育教学实践的时候,他就有了更新自身教育理念、不断充实自己、不断学习的动力。

幼儿教师是教育实践的研究者。当教师不断反思自己的教育教学行为时,就会不断对幼儿及其行为进行探究,思索幼儿发展的支持条件,追随并不断激发幼儿的兴趣。在这个过程中,教师作为研究者的形象就应然而出。因为对儿童及其教育的关注,激发教师将创新精神逐步发挥出来,对于专业领域保持良好的学习和进取精神,为幼儿创造条件,鼓励幼儿对新事物进行探究,引导、启发幼儿对外界环境和自我的探索,从而激发幼儿的想象力和创新精神。因此,反思与研究是密切结合在一起的。在今天高质量教育发展的背景下,我们期望儿童能够全面和谐地发展,拥有健康快乐的人生,诗意栖息于世界。因此,幼儿教师只有不断反思教育实践,不断进行研究,不断提升专业素养,才能促使教育回归儿童本质。

四、幼儿教师是创造性的劳动者和终身的学习者

幼儿教师是创造性的劳动者和终身的学习者。在传统的观念中,教师被称为"教书匠",这意味着教师只是教书的"匠"人,教育教学的过程只是冰冷的知识传递的过程。但是随着时代的发展,当我们不断解读儿童的学习方式,理解儿童的发展是个性化的发展、儿童的学习是生活中的学习和经验中的学习的时候,幼儿教师劳动的创造性就更加凸显。教师需要将符号化的知识转换成各种鲜活经验,丰富儿童的精神世界,促进每一个儿童发展自己的优势和特长,找到自己生命的意义所在。这样培养出来的儿童,是一个个具有生命活力和精彩人生的儿童,能够凸显生命的张力和创造力。代际传承的本质是把知识、技能、精神转化成个人的能力和精神。因此,教师工作的创造性体现为能够使儿童的生命更加精彩。为了不断体现工作的创造力,教师就又需要不断地学习,以适应教育的不断发展与要求更新。

1965年,联合国教科文组织前成人教育局局长、法国教育家保罗·朗格朗提出终身教育的理念,认为现代社会是一个需要终身学习的社会。他在《终身教育引论》中提出,"千百年来,社会把人的一生划分为两半部分,前半部分接受教育,后半部分从事职业活动,这是没有科学根据的,不符合现代生活的实际情况,更不符合未来的要求,必须把教育看作是贯穿于人的一生与人的发展的各个阶段的持续不断的过程"[①]。随着科技的快速发展、社会结构调整的不断加快,人们长期以来形成的传授知识的方式和结构,在很大程度上已失去了效率,昨天的经验不能清晰地解读今天的问题。以往需几代人才能完成的变革,现在只需一代人就可以完成。在现代,任何人都不能指望自己在青年时代所接受的教育能享用一生。因此,教育应当是个人一生中连续不断的学习过程,而作为为社会、为国家培养合格人才的教师,更应将学

---

① 蔡迎旗,海鹰.自主学习:幼儿园教师专业发展的现实之需[J].学前教育研究,2016(3):34-40,56.

习贯穿于自己的一生，不断完善自己的专业知识、专业能力，不断吸取本领域和相关领域的知识等，使自己跟上时代发展的步伐，并在教育教学过程中，教会学生学会学习、学会认知。人才培养模式的变化，极大地提高了教师工作的复杂程度和创造性，迫切地要求教师转变角色，走向专业发展的道路。

五、幼儿教师是儿童完整生命的呵护者

幼儿教师是一份具有情感性和生命性的职业，创造性是幼儿教师教育智慧的核心。拥有知识并不等于拥有智慧，智慧是知识融入个体生命后的创造性生成，是个人所特有的。"知识若没有智慧烛照其中，即使再多，也只是外在的牵累。"教师的责任不只是传授知识，更重要的是开启智慧、点化生命。幼儿园的教育实践中，每天都有新鲜的事情发生，教师不是单向度的知识生产者，而应成为自觉的情感、态度（智慧）的再生产者。教师应能够从关注儿童内在需要出发，关注儿童生命的完整性，欣赏儿童的进步和成长，使儿童的学习和发展充满快乐，而教师自己也从中体会着生命的美丽与付出后获得的幸福。因此，走进生命，实现生命的价值，展现生命的意蕴，是现代教师素质的应有追求，是师生在共同的生命世界里和谐、健康成长的必要保证。

通过以上分析我们可以看到，随着高质量教育体系要求的变化，教师角色从传统的单一角色走向多样化角色。教师要以学习者、支持者、合作者的身份与幼儿互动、交往，创造性地开展工作，还要以学习者、研究者的身份在研究中学习、在学习中成长，并且学习贯穿教师的整个职业生涯。所以，教师角色的转变既是社会对教师的期望，也是教师专业发展的需求。倘若教师无法顺应时代的要求实现自身角色的转变，教师工作的挑战性与创造性就会受到影响，也必然会限制教师个人的专业发展。

第二章

幼儿教师的专业发展概述

第一节　幼儿教师专业发展的内涵剖析

一、专业的概念与标准

专业也称专门职业，与普通职业一词相对。从事专门职业的人员被称为专业人员。一般认为典型的专业人员有医生、律师、工程师等。20世纪30年代，社会学家卡尔-桑德斯和威尔逊等人在他们的经典研究《专业》一书中提到，"专业是指一群人在从事一种需要专门技术的职业，是一种需要特殊智力来培养和完成的职业，其目的在于提供专门性的服务"[①]。他们强调了专业必须有较高的专门知识与技术，是按照一定标准进行的专门性活动。美国社会学家利伯曼对专门职业的定义如下：

(1) 范围明确，垄断地从事社会不可缺少的工作；
(2) 运用高度的理智性技术；
(3) 需要长期的专业教育；
(4) 从事者无论个人、集体，均具有广泛的自律性；
(5) 在专业的自律性范围内，直接负有做出判断、采取行为的责任；
(6) 非营利性，以服务为动机；
(7) 形成了综合性的自治组织；
(8) 拥有应用方式具体化了的伦理纲领。

通过对不同学者意见的综合分析，我们可以把专业定义为"经过专门教育或训练、具有较高层次知识和专门技术的人，按照一定专业标准所从事的专门职业"，其主要包含以下要素。

第一，专业知识和技能。专业工作是具有高度技术性的工作，因此专业人员的工作具有很强的不可替代性，必须有专业理论知识作为依据，有专门的技能作为保证。同时，每一个专业还必须有与其他专业相区别的专业要求，方能具有独立专业的资格。

第二，专业训练。为了掌握专业知识与技能，专业人员必须经过长期的专业训练，这是专业人员能力提高的保障。这种训练一般是在大学或专门机构进行的，并以受过高等教育作为标志。相比较而言，普通职业的从业人员无须接受长期系统的专业训练，工作技能的提升主要通过个人经验的不断积累。

第三，专业道德。专业道德体现的是一个专业人员所必须履行的规范准则。相

---

① 陈文心,彭征文.教师专业发展[M].北京:北京师范大学出版社,2016.

比于普通职业而言,专业更多的是提供一种特有的、范围明确的、社会不可或缺的服务,即具有更强的复杂性,并在社会中发挥着重要价值。专业工作是社会延续发展不可缺少的功能,为社会大多数人提供必要的服务。因此,专业人员要把社会利益、服务对象的利益放在首位,比如救死扶伤是医生的准则,依据事实是律师的准则。

第四,专业自主。专业自主体现为本行业享有相对的独立自主权。如对从业人员的聘用和解职、与专业业务相关的权力不受专业外因素的控制,保证了专业人员的自主性,可以使他们按照专业标准做事,而不必服从于外在的压力。

第五,专业发展。由于专业人员的工作具有复杂性,需要遵循严格的专业标准,因此专业人员只有不断地进行在职进修,才能不断反思自己的工作实践,并在工作的复杂情境中创造性地提出解决问题的办法。

正是由于专业人员的工作具有社会服务性、知识与技能的专业性及不可替代性,因此传统的专业人员像医生、律师等都具有比较高的社会地位和经济报酬。

二、教师专业发展

教师专业发展是时代发展的必然要求,也是教师自身发展的内在需求,突出了教师职业的专业性,提高了其社会地位。教师专业发展不仅仅直接影响教育改革的成功,而且关乎教师历史使命的顺利完成,同时有助于在全社会牢固确立教师职业是专门职业的观念,有助于进一步提高教师的社会地位和职业声望。

教师作为专业人员的发展,经过了比较漫长的发展阶段。国外有些学者如美国的尹特齐尼等人认为,教师与护士、社会工作者三种人员只能归为"半专业"人员,因为他们都认为教师的专业性不及医生、律师等,不能称之为"完全"的专业人员。1956年,利伯曼对教师职业进行了分析,提出教师职业是一种专业性职业。1966年,联合国教科文组织在《关于教师地位的建议》中指出,教师工作应该被视为一种专门职业,这种职业要求教师应该经过严格的、持续的学习,获得并保持专门的知识和特别的技术,明确肯定"教师的工作应被视为专业性职业工作"。自此以后,各国逐渐趋于认同教师的专业地位,并为确保教师的专业性、提高教师地位做出了不懈的努力。1986年,国家统计局和国家标准局发布了中华人民共和国国家标准《职业分类与代码》,将所有职业分为8个大类,63个中类和303个小类。其中,教师列在"专业技术人员"这一大类中。1993年10月,我国颁布的《中华人民共和国教师法》规定,教师是履行教育教学职责的专业人员,承担教书育人、培养社会主义事业建设者和接班人、提高民族素质的使命。随后,《教师资格条例》《〈教师资格条例〉实施办法》相继颁布,提出在幼儿园专门从事教育教学工作,应依法取得幼儿园教师资格证,并对教师资格认定和管理的组织、指导、监督和实施作出了明确规定,标志着国家教师资格制度的实行开始走向科学化、规范化和法治化,幼儿园教师的专业地位有了明确的法律依据和保障①。1999年,我国出版的第一部对职业进行科学分类的权威性文件《中华人民共和国职业分类大典》首次将我国的职业归并为8大类,教师属于"专业技术人员"一类,被定义为"从事各级各类教育教学工作的专业人员"。

把教师职业看作是一个专业,基本经历了四个阶段②:第一阶段是"工会主义"的教师群体专业化,表现为对教师专业地位的认可和教师社会地位的提升,教师职业成为一个令人羡慕的职业,能够吸引更多的从业者;第二个阶段是"专业主义"的教师群体专业化,表现为实施教师资格许可制度和任职制度,对众多的从业者进行挑选;第三个阶段是教师个体的被动专业化,表现为个人职业阶梯的上升和各种专业荣誉的获得;第四个阶段是教师个体的主动专业化,变现为内在专业素质的提高和专业实践的改进。目前,对教师专业化的探讨重心越来越从"强调教师群体的、外在的专业性提升"转向"关注教师个体的、内在专业性的提高"。这个主动提高内在专业性的要求,就是对教师专业发展的要求。

综上,我们可以看到,教师专业发展包括两个基本层面:整体层面强调教师和医生、律师一样,是一个高度规范化、技术化的职业,不是人人都可以做教师,只有达到了特定的要求,通过专门训练及考试才能获得教师资格;个体层面强调教师掌握广博的知识、习得专业知识和技能、实行专业自主、表现专业道德,逐步提高自身素养,成为一个良好教育工作者的过程,即从不成熟、不专业的教师走向成熟型、专业性强的专家型教师的过程。这反映了教师在教学工作中,通过经验的积累,不断反思教育实践,逐渐从不成熟成长为相对成熟的专业人员的成长历程。

三、幼儿园教师专业发展

为了提高我国幼儿教师的整体教育教学水平,2012年颁布的《幼儿园教师专业标准(试行)》提出,"幼儿园教师是履行幼儿园教育教学工作职责的专业人员,需要经过严格的培养与培训,具有良好的职业道德,掌握系统的专业知识和专业技能",明确了幼儿园教师的职业特点和对其专业性的要求。《幼儿园教师专业标准(试行)》从专业理念与师德、专业知识、专业能力三个维度对幼儿教师的专业发展提出要求。因此,我们可以认为,幼儿教师专业发展也就是指幼儿教师在幼儿专业领域,通过各种途径和方法,不断更新、精进和完善自身专业理念与师德、专业知识、专业能力,成为一个成熟的幼教工作者的专业成长过程。

一方面,幼儿教师专业发展强调教师作为教育教学的专业人员,会经历由不成熟到相对成熟的发展历程。进入幼儿园教学工作岗位的教师,虽然经历了职前教育训练并获得了教师资格证书,但这并不意味着他就是一个成熟的教育教学专业人

---

① 刘军豪.幼儿园教师专业发展的制度支持研究[D].武汉:华中师范大学,2018.
② 冯建军.现代教育学基础[M].南京:南京师范大学出版社,2004.

员。教师专业发展是一个动态的、持续的、贯穿整个职业生涯的过程,幼儿教师的专业发展空间是无限的,成熟只是相对的,而发展却是绝对的。

另一方面,幼儿教师的专业发展强调教师作为发展中的专业人员,其发展的内涵是多方面、多领域的,既包含了知识的积累、技能的娴熟、能力的提高,也涵盖了态度的转变、情意的发展。这个过程实际上也就是一个人由"普通人"转化为"幼教工作者"并最终融入教师专业团体的专业发展过程,是一个终生进行的过程。这个过程曲折、复杂,是一个受到多因素影响的动态发展的持续不断的过程。

第二节 幼儿教师专业发展的内容构成与核心理念

教师专业发展反映了教师在教学工作中,通过经验的积累,不断反思教育实践,逐渐从不成熟成长为相对成熟的专业人员的成长历程。那么幼儿园教师究竟应该在哪些维度和领域进行发展呢? 2012 年,教育部颁布了《幼儿园教师专业标准(试行)》,在幼儿为本、师德为先、能力为重、终身学习等理念的指引下,对幼儿教师专业发展的内容进行了规范,主要体现在专业理念与师德、专业知识与专业能力几个方面。

一、幼儿园教师专业发展的内容构成

(一)专业理念与师德

专业理念与师德是学前教育工作的基础。《幼儿园教师专业标准(试行)》突出提出了师德为先,重视幼儿教师的职业道德与专业素质。其中,专业理念与师德主要从四个方面考查,包括对职业的理解与认同、对幼儿的态度与行为、对幼儿教育和保育的态度与行为、个人的修养与行为。这些基本要求指向造就具有良好职业道德和专业精神的合格教师,比如尊重儿童、关爱儿童等体现了对"儿童为本"理念的细化,依法从教、爱岗敬业、为人师表等体现了对"师德为先"理念的细化。

在对职业的理解与认同方面,核心是爱国守法、爱岗敬业、专业认同、为人师表、团队合作;在对幼儿的态度方面,核心是关爱和尊重幼儿,理解生活对幼儿成长的价值;在对幼儿教育和保育的态度与行为方面,要求坚持保教结合,坚持遵循幼儿的学习特点,重视环境和游戏对幼儿发展的作用,充分利用各种资源实现家园共育;在个人修养和行为方面,要求保持良好的个人修养、健康的心理状态,具有乐于学习的品质。

从以上内容中我们可以看到,教育理念主要体现了幼儿园教师对教育本质工作的理解和认识,包含了对学前教育价值的认识和对幼儿教师职业的认同,对幼儿整体发展规律和个体发展特征的认识,以及对幼儿园保教工作的情感与态度。师德主要涵盖了幼儿园教师与幼儿、与家长、与同事等之间的关系,体现了教师的理想信念、师德基本规则和师德行为规范。这一方面最根本地体现为幼儿教师热爱教育事业,献身教育事业,对工作充满事业心和责任感,关心爱护儿童,能够把促进儿童的成长和发展作为自己事业的追求。

（二）专业知识

随着对学习者认识的深化，教师必须逐渐意识到应培养幼儿成为完整的人、生活在世界中的人，成为懂得同情和关怀、富有道德责任感的人，而非单纯的"知识人"。因此，教师所应具备的专业知识不是"一桶水"那么简单，而是能用"一桶水"引发学生对知识的渴求，灌溉学生稚嫩的灵魂，体现知识的生成性、建构性和情境性。因此，幼儿园教师应该具备的知识主要包括幼儿发展的知识、幼儿保育和教育的知识及通识性知识。

幼儿发展的知识主要是关于幼儿身心发展规律的相关知识，包括：了解国家有关幼儿生存、发展和保护的相关法律法规与政策；掌握不同年龄幼儿的特点、规律和促进幼儿身心健康全面发展的策略与方法；了解幼儿在发展水平、速度与优势领域等方面的个体差异和促进不同幼儿发展所需要的策略与方法；了解幼儿发展中容易出现的问题或障碍与基本的妥当应对方法；了解有特殊需要幼儿的身心发展特点及教育策略与方法。

幼儿保育和教育的知识主要指从幼儿园的角度出发，了解幼儿园的教育工作规律，如：理解我国幼儿园教育的目标、任务、内容、要求和基本原则；掌握幼儿园教育的主要途径、组织形式、活动方式，以及各领域教育的知识与策略；掌握幼儿园环境创设、一日生活、游戏与教育活动合理安排的有效策略；掌握幼儿园班级管理的常规内容与基本要求；等等。

通识性知识是教师专业发展的背景性知识，包括社会科学、自然科学以及人文学科的相关知识和理论，可以帮助教师建立深厚的文化基础和广阔的视野。学前儿童所学的知识虽然比较浅显，但是比较全面，涉及科学、社会、健康、艺术、语言多个方面，这就需要教师具有广博的文化知识，为促进学前儿童的全面发展奠定基础，如具有一定的自然、社会和人文科学知识，掌握幼儿园各领域教学的特点与基本知识，具有良好的语言表达能力，具有良好的艺术修养，具有一定的信息技术知识和技能等。

通过以上幼儿教师的专业知识要求我们可以看到，幼儿园教师需要在掌握深厚的文化知识的基础上了解儿童，了解幼儿园教育。目前，幼儿园教育关注的是如何在传递知识的过程中引导儿童主动学习，启迪儿童的智慧，促进儿童和谐发展。从这一点上看，幼儿园教师所具备的专业知识仍然难以满足保教实践的方式和时代变迁的要求。随着专业知识的不断更新，幼儿园教师也需要通过持续性的专业学习促进自我的发展和提升。

（三）专业能力

教师的专业能力直接影响着教育教学的实效和儿童的发展。幼儿园教育教学工作具有复杂性、多样性,需要幼儿教师能够观察、理解儿童,识别教育情境,自觉地在实践中运用、强化、扩展和精进自己的专业理论和专业知识,具有处理日常事件、组织各种活动的专业行为,逐渐积累适宜的教育行为,形成专业能力。《幼儿园教师专业标准(试行)》中提到的幼儿园教师专业能力主要包括环境的创设与利用、一日生活的组织与保育、游戏活动的支持与引导、教育活动的计划与实施、激励与评价、沟通与合作、反思与发展七个方面。其中,前六项是教师实施保育教育的能力,第七项是教师自我发展的能力。

能力要素一:环境的创设与利用能力。幼儿的学习是一个积极主动的过程,幼儿是在与环境相互作用中学习和发展的,因此,具有适宜结构的、安全的、积极的高质量环境能够有效地激发和促进幼儿的主动学习和良好发展。在这一方面,教师需要从创设良好精神环境和物质环境出发,建立良好的师幼关系,制定良好的班级秩序及规则,创设促进幼儿成长、学习、游戏的教育环境,合理利用资源并为幼儿提供和制作适合的玩教具和学习材料,从而引导、支持幼儿主动活动。

能力要素二:一日生活的组织与保育能力。保教结合是幼儿园阶段教育的突出特点。因此,合理安排和组织一日生活的各个环节、科学照料幼儿日常生活、指导和协助保育老师做好班级常规保育和卫生工作、及时处理幼儿的常见事故等是该能力要素的主要要求。

能力要素三:游戏活动的支持与引导能力。幼儿园以游戏为基本活动,游戏是幼儿的主要活动,教师应能根据幼儿兴趣需要、年龄特点和发展目标,提供开展各种游戏的条件;能充分利用与合理规划游戏活动空间,提供丰富、适宜的游戏材料,引发、支持和促进幼儿的游戏能引导幼儿在游戏活动中获得多方面的发展。

能力要素四:教育活动的计划与实施能力。教师应能根据教育目标和班级幼儿的实际需要,制订阶段性的教育活动计划和具体活动方案;能在教育活动中用心观察幼儿,根据幼儿的表现和需要调整活动,并给予适宜的指导,使活动体现趣味性、生活化和综合性;应采取个体、小组和集体等不同的组织形式,给幼儿提供更多的操作探索、交流合作、表达表现的机会,支持和促进幼儿的主动学习。

能力要素五:激励与评价能力。教师应能有效运用观察、谈话、家园联系、作品分析等多种方法,客观、全面地了解和评价幼儿;能将对幼儿的观察与评价作为教育引导幼儿和开展教育活动的依据;能发现和赏识每个幼儿的点滴进步,注重激发和保护幼儿的积极性、自信心。

能力要素六:沟通与合作能力。教师应能善于倾听幼儿的心声,能与幼儿进行有效沟通;能同事合作交流,分享经验和资源,共同发展;能有效进行家园沟通与合作,共同促进幼儿发展;能协助幼儿园与社区建立合作互助的良好关系。

能力要素七:反思与发展能力。反思与发展能力主要体现为教师应能坚持终身学习与发展,制定适宜的个人专业发展规划,并通过多种途径不断提高自身专业素质;能主动收集、分析自身教育工作的相关信息,并不断进行反思,改进保教工作;能结合自身教育工作中的现实需要与问题,进行探索和研究。

幼儿园教师专业能力是一种基于教育实践基础的综合性能力,以专业理念和专业知识作为支撑,通过幼儿园保教活动得以体现,同时又在教育实践中不断发展。相比于中小学教师而言,幼儿园教师的专业能力体现了更强的实践性、全面性与个性化的需求。

二、幼儿园教师专业发展的核心理念

1. 凸显专业精神,体现人文性

幼儿园教师的工作不仅涉及专业的知识和技能,更是一种对幼儿全面发展的深度关注和投入,"幼儿为本、师德为先"是最基本、最核心的理念。热爱教育事业、热爱儿童,对教育工作充满热情,对幼儿充满爱心,既能满足幼儿的合理需要,又能尊重幼儿的独立人格,适时给予幼儿良好的支持,促进他们良性发展。多年来,国家的一系列政策文件非常好地体现了对幼儿教师专业精神的要求。《教师教育振兴行动计划(2018—2022年)》提出,"从源头上加强教师队伍建设,着力培养造就党和人民满意的师德高尚、业务精湛、结构合理、充满活力的教师队伍"。《新时代幼儿园教师职业行为十项准则》提出"引导广大教师努力成为有理想信念、有道德情操、有扎实学识、有仁爱之心的好老师,着力培养德、智、体、美、劳全面发展的社会主义建设者和接班人"。

2. 凸显综合素养,体现全面性

教育的使命是促进人的整体发展,使人成为完整的个体。儿童的生理、心理、精神等方面的发展是儿童发展的不同侧面,它们构成了一个整体,既相互联系,又彼此制约。教育不仅需要教师具有一定的专业知识和专业技能,同时还需要教师具有人文素养、教育信念与情感等,使教师在实践活动中不断地理解、追求和实现教育的意义。幼儿教师不仅要有专业理念与行为(即具有正确的儿童观、教师观、教育观和相应的教育行为)和专业知识与能力(包括理解儿童发展的知识与能力,保育和教育的知识与能力,游戏理论及支持引导能力,教育活动计划设计与实施能力,环境创设与利用的知识与能力,反思、合作和研究能力),还要有专业感受和体验(即具有观摩、参与、研究教育实践的经历与体验),能将专业信念与师德养成、专业知识获得与运用、专业技能训练与专业能力提升、教育科研意识和创新意识等有机联系起来并进行整体建构,为专业发展奠定坚实的基础。

3. 凸显专业能力,体现实践性

教师的教育教学过程不是流水线式的操作过程,而是一种艰巨、复杂、体现出鲜明创造性的活动。只有具备专业能力,才能更好地理解儿童,促进儿童的发展。教育部2012年出台的《幼儿园教师专业标准(试行)》特别强调了幼儿园教师的专业能力,要求幼儿教师必须具备良好环境的创设与利用、幼儿一日生活的合理组织与保育、游戏活动的支持与引导、教育活动的恰当计划与实施等能力。基本要求层面更是充分反映了幼儿园教师必须具备的专业态度、知识与能力。因此,未来的幼儿教师必须能够了解儿童认知发展的方式,了解儿童在某一特定阶段的思维方式,为幼儿提供安全、舒适、可操作的学习环境,以促进儿童的健康成长和发展,能够在教育教学中融入自己对教育、儿童、自身角色的理解,对教育教学情境进行专业的思考和决策。

4. 凸显终身学习,体现持续性

教育是创造性的劳动,而不是机械性、简单重复或只要按常规操作的劳动。教育时机的把握和教育矛盾、冲突的解决,需要教师作出正确、及时的判断并采取相应的措施。因此,新时代的教师不再是传递知识的"传声筒",而是能够体现创造性教育教学活动的艺术家和创造家。创造型教师是不僵化的教师、心智灵活而随机应变的教师,而且是不断渴求新知识、向往新事物的教师。在快速发展的现代社会中,教师需要不断更新自己的知识结构和教育理念,以适应不断变化的教育需求和挑战。因此,教师的职前学习并不意味着学习的终结,而是教师入职后持续学习的开端。教师的学习具有持续性、阶段性和发展性,职前教育和职后教育呈现一体化趋势。2021年4月,教育部、财政部联合印发的《关于实施中小学幼儿园教师国家级培训计划(2021—2025年)的通知》提出要"强化分层分类,实施精准培训。完善线下集中培训、在线培训、校本研修融合的混合式培训,推进教师常态化学习",体现了目前我们对于教师终身学习的要求。

第三节 幼儿教师的专业发展阶段

教师的专业发展不是一蹴而就的,它存在不同的发展阶段,是一个逐渐提升的过程。幼儿教师专业发展阶段主要呈现幼儿教师如何从不成熟到成熟、从新手型到专家型教师的过程,应明确幼儿教师在不同的发展阶段所表现出来的教育理念、专业知识和专业能力等各方面的特征。

一、教师专业发展阶段经典理论

幼儿教师发展阶段理论指明了教师专业发展的阶段和路径,帮助教师明确自己在专业发展的过程中要经历的步骤,这既有助于教师根据发展阶段制定自身发展的短期和长期的目标,同时也有利于学校或教师培训机构针对教师专业发展的特点提供促进教师专业发展的辅助性条件。

(一)教师关注阶段理论

教师关注阶段理论以美国学者富勒为代表,他将教师的发展阶段划分为教学前关注、早期生存关注、教学情境关注、对学生关注四个阶段[1]。这种观点认为在教师专业发展进程中,教师所关注的事物是依一定的顺序更迭的,总体呈现出"关注自身—关注任务—关注学生"的发展模式。

教学前关注指职前培养时期的关注。在这一时期,教师还是学生的角色,缺乏应有的教学经验,因此关注点在自己身上,对一线教师存在观察、批判的态度。

早期生存关注阶段指初次接触实际教学的学习阶段,这是教师成长的起始阶段。处于这个阶段的一般是新手型教师,他们非常关注自己的生存适应性。教师会把大量的时间用于处理与上级、同事及学生的人际关系上,教师们关注的是班级的常规管理、对教学内容的精通熟练,以及上级的视察评价、学生与同事的肯定和接纳等。在此阶段,教师会存在明显的焦虑与紧张。

教学情境关注指对自己的教学表现的关注,当教师适应新的教学岗位的时候,会将注意力转移到提高教学工作的质量上来,会对自己的教学能力与技巧提出更高的要求,关注自己教育教学的效果等。

对学生关注阶段是指对学生个性化的关注阶段。在这一阶段,教师能考虑到学生的个别差异,认识到不同年龄阶段的学生具有不同的发展水平,具有不同的情感

---

[1] 彭兵.成就专业的幼儿教师:幼儿教师专业发展阶段研究[M].北京:北京师范大学出版社,2012.

和社会需求,因此教师应该因材施教。可以说,能否自觉关注学生是衡量一个教师是否成熟的重要标志。

教师关注阶段理论主要呈现随着教师教学年限的不同,教师关注重点的变化,这促进了管理者思考依据教师关注重点的不同提供针对性的制度支持和政策支持,也为后续的研究提供了一定的思路。幼儿园教师的专业发展也同样遵循着教师关注阶段理论的基本规律,为推进幼儿园教师的专业发展提供了一定建议。

(二) 教师职业生命周期理论

主要的代表学者有伯顿、费斯勒、司德菲、休伯曼等人,他们所划分的发展阶段可表示为如下几种。

(1) 教师发展阶段理论(伯顿,1979):求生存阶段、调整阶段、成熟阶段。伯顿从与教师访谈的记录数据与资料中,整理归纳教师提出的意见,提出了教师发展的三个阶段。求生存阶段是指教师在教学的第一年,适应面对多种事物的阶段;调整阶段是指教师进入教学二至四年,开始了解孩子复杂性、寻求新的教学技巧与解决问题的新方法的阶段;成熟阶段指教师在进入教学五年后不断地追求并尝试新方法,更关心师生间关系的阶段[1]。

(2) 教师职业周期动态模式理论(费斯勒,1985):职前教育阶段、入职阶段、能力形成阶段、热心和成长阶段、职业受挫阶段、稳定和停滞阶段、职业低落阶段、职业退出阶段。费斯勒建构了较为完整的贯穿教师生涯的理论框架,但并没有对影响教师专业发展的因素进行分析[2]。

(3) 教师生涯发展模式理论(司德菲,1989):预备阶段、专家阶段、退缩阶段、更新阶段、退出阶段。司德菲不仅对教师的职业周期进行了分析陈述,并认为应该给予退缩阶段教师一定的支持以促进其进一步发展[3]。

(4) 教师职业周期主题模式理论(休伯曼,1993):入职期(求生和发现期)、稳定期、实验和歧变期、重新估价期、平静和关系疏远期、保守和抱怨期、退休期。他分析了教师不同时期的关键性特征,并提出教师的不同发展路线[4]。

教师职业生命周期理论强调了教师职业周期的变化,并对影响教师不同时期发展的外部环境进行了分析,促进了人们从教师职业生命周期的角度审视幼儿教师的专业发展,规划其专业发展进程。

---

[1] 肖丽萍. 国内外教师专业发展研究述评[J]. 中国教育学刊,2002(5):57-60.
[2] 胡慧闵,王建军. 教师专业发展[M]. 上海:华东师范大学出版社,2014.
[3] 陆伟,葆乐心. 教师专业发展阶段论对教师教育工作的启示[J]. 中国成人教育,2014(24):126-128.
[4] 胡慧闵,王建军. 教师专业发展[M]. 上海:华东师范大学出版社,2014.

(三)教师心理发展阶段理论

教师心理发展阶段理论把教师当作一个成年的学习者来看待,其分析是建立在认知理论、概念发展理论及道德判断等理论的基础上的,赋予了教师发展阶段理论更丰富的科学依据和更充分的心理学基础。代表学者利思伍德把教师的发展分为四个阶段[①]:

第一阶段的教师世界观非常简单,坚持原则,相信权威。

第二阶段的教师主要表现为墨守成规,其课堂有着传统课堂的特征,课堂规则十分明确,学生都必须严格遵守规则。

第三阶段的教师有了较强的自我意识,能够意识到某些教学情境下的多种可能性,并依照具体情况灵活掌握规则。

第四阶段的教师较有主见,尊重课堂,能够从多角度分析遇到的课堂情境。

(四)教师社会化发展阶段理论

教师社会化发展阶段理论,从教师作为社会人的角度,考查其成为一名专业教师的变化过程,该理论关注的焦点集中在教师个人的需要、能力、意向与学校机构之间的相互作用上。如吴康宁将教师专业发展分为预期专业社会化时期和继续专业社会化时期。我国台湾学者王秋绒把教师发展阶段分为师范生阶段(探索适应期、稳定成长期、成熟发展期)、实习教师阶段(蜜月期、危机期、动荡期)、合格教师阶段(新生期、平淡期、厌倦期),这对职前教师培养和实习期间教师的实践提供了比较清晰的论述。

(五)自我更新阶段理论

我国学者叶澜等人在参考国外教师专业发展研究成果的基础上,提出了以教师专业的自我更新为取向的五个发展阶段:非关注阶段、虚拟关注阶段、生存关注阶段、任务关注阶段、自我更新关注阶段[②]。

非关注阶段是指进入正式教师教育之前的阶段。这一阶段,立志从教者在对教师专业发展的"非关注"状态下,无意识中具备一些直觉式的前科学知识,这只是一种从教的可能性,谈不上什么专业发展。

虚拟关注阶段反映的是师范生职前学习阶段的发展状况。师范生在之前的学习阶段中,虽然有意识要做教师,也学习做教师的必备知识,但他们不接触教学实际,不真正从事教师工作,这使其教师专业的学习带有某种虚拟性。师范生的专业

---

① 刘琳娜,刘加霞. 复杂科学视域下教师学习动力研究[J]. 中国教育学刊,2019(9):92-96.
② 叶澜,白益民,王枬,等. 教师角色与教师发展新探[M]. 北京:教育科学出版社,2001.

人员意识和专业发展意识淡薄。

生存关注阶段是师范生成为教师的最初阶段。这一阶段,师范生要转换为正式教师角色,而且面临教学压力,对教学尚不成熟,因此,他们特别关注教师专业发展中的最低要求——专业活动的生存技能,谈不上对自我更新能力的关注。

任务关注阶段是教师专业知识与技能稳定发展,并不断进行完善的时期。随着教学基本生存知识、技能的掌握,教师的自信心也逐渐增强,由关注自我的生存转到更多地关注教学。但这阶段教师的专业发展受职称的晋升、他人评价的影响比较大,发展的意识主要来自外部。

自我更新关注阶段的教师已经完全掌握了教学机制和课堂管理策略,更加关注课堂内部的活动及其实效,关注教学内容是否适合学生,关注学生的差异。随着专业知识和技能的成熟,教师有了更多的时间和机会对自己的专业发展进行反思,有了较明确的自我专业发展意识,这一意识不是在外在的压力下产生的,而是一种自觉的意识。

从以上观点中我们可以看出,研究教师专业发展阶段的理论从不同侧面展示了教师专业发展的过程,对教师的研究也体现了从点到面的变化。从对教师关注点的研究、对教师职业不同时期的特征研究、对不同时期影响教师因素的研究以及教师的职前及实习培养策略研究中可以看出,教师专业发展是个复杂的过程,受到多方面因素的影响。无论从哪个角度来划分教师的专业发展阶段,都可以看到教师的专业发展是一个循序渐进、不断深入的过程。对幼儿教师专业发展阶段进行探讨,可以为幼儿教师的专业发展提供更加合理的理论框架。

二、幼儿教师专业发展阶段的研究

事物的发展都有其规律性,幼儿教师的成长也是如此。分析幼儿教师的成长发展阶段,有助于我们明晰幼儿教师现阶段的发展特征、明确未来的发展方向和选择恰当的培养途径。

幼儿教师专业发展领域的研究并不是很多,大部分是将中小学教师的专业发展迁移到幼儿教师的专业发展上。以美国学者卡茨为代表,针对幼儿教师的训练需求与专业发展目标,他们把幼儿教师的发展分为求生存时期、巩固时期、更新时期、成熟时期四个阶段[①]。求生存时期,新教师只关心自己在陌生环境中能否生存下来,这种情形可能持续一至二年;巩固时期,教师主要是统整并巩固在前一时期所获的经验和技巧,开始关注个别学习问题,这一阶段会持续到第三年;更新时期,教师对平日繁杂而规律刻板的工作感到倦怠,想要寻找创新事物,这一时期可能会持续到第四年;成熟时期,教师自己有足够的能力来探讨一些较抽象、较深入的问题,大致需

---

① 吕冬梅.从教师发展阶段理论看教师专业发展[J].亚太教育,2015(31):208.

要二至五年。

为了进一步促进幼儿教师专业发展，我国学者常宏在对卡茨观点理解的基础上，将幼儿教师专业发展阶段分为生存适应阶段（第一年）、关注个体及教育阶段（第二年）、关注专业理论及新发展阶段（第三至第四年）、相对成熟阶段①。同时，他提出幼儿教师发展阶段的变化对每一位教师而言并不具有普遍性，且四个阶段的完成也并不意味着教师专业成长的终结，因为它只是从一般意义上作了共性和概括的描述。现实中，一位幼儿教师的专业成长是一个极其复杂的、具有个体性和持续性的过程。教师的专业成长不仅受到教育政策、学校文化、社会期望等多方面因素的影响，也来自教师的自我完善和持续学习。这一过程伴随教师的整个教育职业生涯，是教师个人成长和专业发展的重要组成部分，既需要幼儿园管理者的支持，也需要教师不断的自我学习和反思。张世义等人提出了构建幼儿园教师专业发展阶段的新视角——问题关注，他们认为幼儿教师问题关注的发展是环式螺旋模式而非线性的，它具有多个端口、起点和终点，幼儿教师专业发展阶段随着对不同问题的关注层次变化而螺旋上升，从上一阶段到下一阶段会经历"筛选、忽略、调节、再关注"的脉络关系，这些关系是教师与周围一切环境因素的复杂互动，包括教师的家庭②。

幼儿教师专业发展阶段的问题提出及策略探究是研究的热门趋势。岳亚平采用观察、访谈与文本分析相结合的方法，对成熟型、发展型和新手型幼儿教师的知识结构特征进行了研究，发现不同专业发展阶段教师的知识结构都有自身的优势与特殊性，这使他们在个人专业发展需求上存在着较为明显的差异③。他提出要关注幼儿教师的知识结构，有的放矢地开展专业学习，即能根据不同发展阶段幼儿教师知识结构的不同特征，开展有针对性的专业培训，通过充分发挥不同发展阶段教师的知识优势，加快幼儿教师专业成长的步伐。杨文则指出，幼儿教师专业发展阶段划分中存在的以外在标准划分的情况，忽略了幼儿教师专业成长的内在连续性，忽略了幼儿教师的个体差异性等问题④。因此，要考虑幼儿教师专业成长的内在连续性、幼儿教师的个体差异性以及幼儿教师职业发展的历史生成性。他认为幼儿教师专业成长可以划分为知识积累阶段、知识检验阶段、知识内化和转化阶段。

不同发展阶段的教师培训问题得到了关注。傅树京主张建立与教师专业发展阶段相适应的教师培训模式⑤。教师的职后发展与五个阶段有关，培训时就要有五个不同的培训目的、要求和内容。李艳荣同样主张开发教师分层培训课程，她基于不同阶段教师应然培训需求，分别对新手型、骨干型、专家型教师的培训内容和方式

---

① 常宏.简论幼儿教师的专业成长[J].教育导刊.幼儿教育,2004(8):30-32.
② 张世义,顾荣芳.从问题关注的视角构建幼儿园教师专业发展的阶段[J].学前教育研究,2013(4):57-63.
③ 岳亚平.不同专业发展阶段幼儿教师知识结构的特征比较[J].学前教育研究,2011(9):43-46.
④ 杨文.幼儿教师专业发展阶段划分中存在的问题及其应对[J].学前教育研究,2012(8):58-60.
⑤ 傅树京.构建与教师专业发展阶段相适应的培训模式[J].教育理论与实践,2003,23(6):39-43.

做了明确的区分[①]。陈桃针对在职教师专业发展的五个阶段提出了培训设想：适当评估培训需求、合理选择培训方式、设置不同层次培训课程、培养教师的专业发展意识[②]。

通过对教师专业发展阶段研究成果进行相关总结，我们可以得出以下结论。

一是幼儿教师的专业发展是一个不断走向专业成熟的过程。其发展既有阶段性，又有连续性。幼儿园教师的不同发展阶段有着比较明显的差异，呈现出不同的基本特征。教师的发展并不是自然自发的成长过程，既需要外部环境的有力支持，更需要教师内在的不断发展，不断地主动学习、主动反思，以促进自我教育理念、教育知识等方面的更新和教育能力的提升。

二是幼儿教师的专业发展并不是一个直线式发展过程。有的教师在成长的过程中，会出现长期的阶段性受挫、专业倦怠等自然状况，在成长的过程中度过漫长的高原期。只有那些在工作中能够不断发现问题、提出问题，对自己的经验进行科学批判性思考，探求新思路、新方法，创造性开展工作的进取者，才能够真正带领广大教师改革和发展教育，成为真正的骨干或专家教师。

三、教师教育一体化背景下的幼儿教师专业发展

2001年，《国务院关于基础教育改革与发展的决定》以"教师教育"替代了原有的"师范教育"，"学者必为良师"和"一朝受教，终身受用"的"师范教育"旧观念被以知识与能力并重、终身培养的"教师教育"新观念所代替。教师教育概念的提出，促进了教师职前教育和职后教育的统一，贯通了教师专业发展的路径，教师教育一体化的概念也被提了出来。因此，教师教育一体化以终身教育为理念，依据教师专业发展的基本理论，对教师不同发展阶段的教育形式与内容进行整体规划和系统设计，以最终实现教师专业的可持续发展。

教师教育一体化背景下，教师教育主要分为职前教育、入职适应和在职成长三个阶段，目的在于统筹考虑教师教育资源和培养培训计划，以整合的教育模式来改变目前教师教育中的割裂状态。教师职前教育主要指教师以学生角色在学校的学习与发展，主要掌握作为教师需要的基本教育教学能力，根据教师教育机构属性和要求不同，通常持续3~5年；教师入职适应主要指教师从学生角色转变为新手教师，并逐步适应环境，开展教育教学初步探索，不断增强对岗位的适应能力和胜任能力，通常持续1~3年；教师在职成长阶段是指其作为正式的教师独立开展教育教学工作，不断提升专业素养和教育智慧，由不成熟到逐步成熟并成为专家教师的过程，通常持续时间相对较长。

---

① 李艳荣.基于专业发展阶段的幼儿园教师培训课程分层开发[J].高教论坛，2013(9)：101-108,115.
② 陈桃.教师专业发展阶段及与之相适应的培训模式的构建[J].中小学教师培训，2016(3)：6-8.

幼儿园教师职前教育阶段是重要的培养期与储备期,核心是促进幼儿园教师初步形成职业所需的知识和能力,这是教师专业发展的起始和奠基阶段。职前培养一般主要由高等院校特别是师范院校承担。通过职前教育的培养,师范生可以建立对幼儿教师的基本认识,具备基础的教育专业技能,形成专业信念,为以后进入工作岗位奠定良好的基础。尤其是以幼儿园见习、实习为主的教育实践环节,对师范生顺利适应幼儿园工作具有重要意义。同时,本阶段的师范生对幼儿园教师的专业生活体验主要来自专业见习和实习,他们对教师工作的体验时间较短,对幼儿园教师角色的认识多停留在表面,专业发展意识仍相对薄弱。

幼儿园教师入职适应阶段是关键的转折点和适应期,此阶段的教师完成了由学生到教师的角色转变,以及相伴随的外部环境转变和内部心态转变。从学生到新手教师,其主要任务是适应和探索,适应幼儿园的教育教学环境和工作特征。入职适应是幼儿园教师职业生涯的关键时期,也是教师专业发展的危机时期。初任教师大多精力充沛,对工作充满热情,投入度比较高,对教育工作中儿童发展和自我提升的期望度比较高。但由于她们刚刚进入工作岗位,缺乏实践教学经验,往往存在对儿童的个性特征不够了解、对教育教学规律把握不够准确的问题。因此,当面对具体的教学情境时,教师的活动组织往往会出现失控的状态。因此,初任教师往往更加关注如何维持班级秩序、把控课堂纪律这些方面。同时,初任教师普遍缺乏教学灵活性,较难根据幼儿的班级表现和课堂教学情境及时调整、灵活变通。从满怀激情到力不从心,当发现所学知识技能与实际差距较大的时候,初任教师往往会陷入自我怀疑状态,并普遍感到焦虑和压力。甚至有的教师会觉得自己不适合这个工作,而出现选择其他工作的想法和行为。因此,协助新教师顺利度过入职适应阶段必要且必需。入职培训可以使新教师在思想上和业务上尽快适应教育教学工作的需要,从而缩短其从一个合格的毕业生成长为一个合格教师的周期,加快教师专业成熟的速度。

幼儿园教师的在职成长阶段是教师反复实践、持续学习、不断反思、自我更新的过程。一方面,终身发展的需求要求教师不断进行持续学习,以适应新时期的教育发展要求。另一方面,很多幼儿教师在工作5~10年后,都不可避免地面临着职业倦怠与专业停滞,这影响了幼儿园教育教学质量的提升。因此,在对教师开展各种灵活多样培训的同时,也要提升幼儿教师的自主学习能力,激发幼儿教师不断学习发展的内驱力。这一阶段的重点在于不断提升教师的反思能力和创新意识,促使教师坚持学习、不断反思、不断创新,使其感受到工作中的自我成长。

从以上分析中我们可以看到,幼儿教师的专业发展是持续推进、螺旋上升、动态生成的过程。教师教育一体化体现了职前教育、入职适应和在职成长三个阶段幼儿教师专业发展的持续性,体现了教师从学生到新教师再到成熟教师的发展过程。

第三章

幼儿教师专业发展的现状及影响因素

第一节 幼儿教师专业发展的现状

本研究在《幼儿园教师专业标准（试行）》的基础上，从教师专业态度、专业知识以及专业能力等方面进行分析，通过观察、问卷调查和访谈等方法，了解幼儿教师专业发展的现状，并从不同方面分析影响幼儿教师专业发展的因素。本研究主要选取了两个具有代表性的幼儿园进行分析，A园是一所公办幼儿园，B园是一所民办幼儿园，两个幼儿园都有自己的教育特色。A园关注儿童图像文字的表达，注重生活化课程的实施。B园关注以情境为基础的课程开发，注重儿童的体验感，幼儿园的情境性体验环境创设得到了家长的认可。本次调研共发放了75份问卷，回收问卷71份。为了能对教师的专业发展进行深入分析，本次研究对两个幼儿园的教育教学活动进行了1个月的观察，选取了两个幼儿园共4名管理人员和12名教师进行访谈（12名教师按照不同年龄段随机抽取，每个幼儿园抽取6名教师，小班2名，中班2名，大班2名）。4名管理人员分别是2名保教副园长和2名保教主任，12名教师涵盖了小班、中班、大班。幼儿教师基本信息如表2-1所示。

表2-1 幼儿教师基本信息

项目	类别	人数	比例
性别	男	3	4.23%
	女	68	95.77%
年龄	25岁以下	13	18.31%
	25～35岁	30	42.25%
	36～45岁	21	29.58%
	45岁以上	7	9.86%
从教时间	不足3年	18	25.35%
	3～6年	16	22.54%
	7～9年	17	23.94%
	10年以上	20	28.17%
职称	高级	3	4.23%
	一级	16	22.54%
	二级	11	15.49%
	目前还没有	41	57.75%

续表

项目	类别	人数	比例
学历	中专及以下	5	7.04%
	大专	29	40.85%
	本科及以上	37	52.11%
专业	学前教育专业	45	63.38%
	其他师范类专业	15	21.13%
	非师范类专业	11	15.49%
岗位	主班教师	29	40.85%
	配班教师	24	33.80%
	幼儿园保教主任及园长	6	8.45%
	其他	12	16.90%
幼儿园性质	公办园	30	42.25%
	私立园	41	57.75%

一、专业理念与师德分析

(一) 幼儿教师职业态度分析

1. 幼儿教师的入职意愿方面

学前教育阶段是儿童的启蒙阶段,这一阶段儿童的身体和心理发展并不成熟,相比较其他阶段,更需要教师投入大量的耐心、细心与关心,给予不断的情感支持。调查发现,虽然大部分幼儿教师是出于兴趣选择了幼儿教师职业,但仍有不少幼儿教师提出,当初选择幼师工作是得到了父母及亲戚的建议或者是一种无奈的选择。幼儿教师入职意愿情况如表 2-2 所示。

表 2-2 幼儿教师入职意愿情况

意愿	人数	比例
出于兴趣,喜欢孩子	39	54.93%
工作简单稳定	12	16.90%
没有更好的选择	18	25.35%
其他	2	2.82%

访谈问题1:您为什么选择幼儿教师这个职业?

A1:"我喜欢当老师,和孩子们在一起时,我感觉比较幸福,具有成就感。"

A2:"家人让选的,觉得当幼儿教师比较适合女孩子,我也觉得和孩子打交道比较简单,氛围比较好。"

B1:"我的父母就是老师,我也喜欢当老师。"

B2:"也没有找到其他好工作,先干着这个,有了更好的再说。"

访谈问题2:如果有机会选择别的职业,您是否还会选择幼儿教师?为什么?

当问到问题2的时候,4名幼儿园的管理人员都表示还是选择做幼儿教师。

MA1:"我已经在幼儿园干了很多年,积累了比较多的经验,虽然比较辛苦,但还是比较喜欢这个工作的。"

MB1:"我们作为私立的幼儿园,走到这个位置,我的工作也得到了领导的认可。我们幼儿园的氛围还是比较好的,只要幼儿园不受生源减少的影响,我还是会一直在幼儿园干下去的。"

12名访谈教师中,有6名表示会继续做幼儿教师,有3名表示不确定,还有3名教师表示有选择的话,可能会从事其他职业。

A3:"其实我从小到大的梦想不是做幼儿教师,虽然现在我慢慢也适应了这个工作,但是如果有选择,我还是想挑战一些其他更有成就感的工作。"

A4:"我喜欢幼儿,如果只是专心做教育教学工作、安静陪伴幼儿,我觉得也不错。但现在幼儿园整天需要填写各种文本资料,工作时间长,劳动强度大,感觉从早上到晚上都要工作,回家累得不想说话。"

B3:"我其实挺喜欢幼儿的,如果只是每天单纯地和孩子待在一起,我还是很开心的。早上看到孩子们一个个纯真的笑脸,就觉消除了很多的疲惫。但幼儿教师这个工作待遇低、压力大、责任重,基本到从早上7点左右到下午6点,没有空闲的时间。我们不光是和幼儿打交道,还得和家长打交道,有一些家长不理解我们的工作,这让我觉得比较困扰。"

B4:"上次我们班有两个孩子玩,其中一个小孩不小心把另外一个孩子的脸划了一下,伤口很小的,不仔细都看不见。我给家长赔礼道歉了好久,如果有机会,干什么也不干幼儿教师了。"

B5:"幼儿园的活动比较多,特别是到了节日的时候,就需要有各种大型活动,也比较耗费老师时间。除此以外,还有各种表格需要填写,常常会把学校的工作带到家里。"

从访谈1和访谈2中可以看出,虽然现实中很多幼儿教师是热爱儿童、喜欢幼儿的,但仍有相当多的幼儿教师从事这一职业并不是出于她们自身对幼儿教育事业的热爱和对自己职业理想的追求,而是现实的无奈,所以当她们有机会再次选择职业时,就会选择其他职业。同时我们可以看到,一些幼儿园老师对幼儿教师工作有抵触是因为幼儿园工作强度高、家园关系难处理等,说明幼儿教师的专业选择与幼儿园管理氛围、家园关系、教师的社会地位、工资待遇等各方面也是密不可分的。

2. 幼儿教师对职业的看法

为了调查幼儿教师职业价值观情况,问卷围绕"您认为幼儿教师受人尊敬程度如何""您的工资满意程度如何""您能否实现自己人生价值"几个问题,即外在价值、外在报酬、内在价值这三个方面进行调查。

访谈问题3:您认为幼儿教师是受人尊重的职业吗?

受访的教师中,有6个人认为比较受尊重,有6个人表示一般,还有4个表示不太受尊重。

A6:"我们幼儿园是公立幼儿园,对家长的迎合比较少一些。我觉得家长基本上对我们老师还是比较尊重的。"

A5:"由于网络的一些负面宣传,家长和我们之间的信任感比较缺乏。有一些家长和我们沟通的时候,责问或者怀疑的语气较多。"

B6:"幼儿教师这个工作,我感觉谁都可以来发表一下意见,家长们觉得我们幼儿园的孩子学的知识比较浅显,好像我们随时就可以被替代。经常会有父母说出'你们幼儿园为什么不给孩子教东西、我觉得老师您这个做的不对'诸如此类的话。"

访谈问题4:您对自己的工资满意吗?

16名教师中,有8名教师表示不满意,有3名教师表示非常不满意,有5名教师认为一般满意。

A2:"幼儿教师的工资待遇这几年我觉得提高了一些,但是相比于其他行业和工作的内容来讲,待遇不算高。我们当初班上毕业的好多同学干了几年后就转行了,原因就是觉得幼儿教师的工作强度大、时间长,待遇相对不是很高。"

访谈5:您认为从事幼儿教师这个工作能实现自己的人生价值吗?

有7名教师表现比较能实现自己的人生价值,有6名教师表示一般,有3名教师表示这个工作不能实现自己的人生价值。

B1:"我对教师的工作还是比较喜欢的,看着孩子们一天天的变化,也是乐在其中的。"

A5:"也说不好,既然学了这个专业,也就只能干这个了。但是这就是一份工作,要说多大的成就感,也没有,相反总是觉得很累。"

B4:"有时候在工作中,也会感到比较烦躁,幼儿教师这个工作不是我的兴趣,和幼儿家长进行沟通经常让我感到力不从心。"

从上述调查结果可知,幼儿教师对自己的职业在社会中的地位的评价相对较低,有相当多的教师认为幼儿教师这个职业较难实现人生价值,受人尊敬的程度不高或甚至不受人尊敬,并且大部分幼儿教师对工资不满意,从而导致教师在专业投入上的意愿较低。从以上分析我们可以看到,要促进幼儿教师的专业发展,就需要提高幼儿教师的社会地位,让幼儿教师这个职业得到尊重,让幼儿教师自身获得成就感。

(二) 幼儿教师对待幼儿和幼儿园教育的态度分析

1. 幼儿教师对待幼儿态度方面

通过调查发现,在对待幼儿态度方面,幼儿教师基本能够建立正确的儿童观,能够尊重儿童的主体地位并关注儿童之间发展的差异性,愿意关注有困难和适应性差的儿童,并努力去帮助他们。在幼儿园进行访谈的过程中,经常会有教师主动谈及她们所在班上的儿童,教师也会一起讨论她们在面对儿童的时候所遇到的困惑。从中可以看到,经过多年来不断的教育改革,教师能够在教育教学中倾听儿童的想法与需求,尊重儿童的主体性。幼儿教师对待幼儿的态度如表2-3所示。

表2-3 幼儿教师对待幼儿和游戏的态度

内容	选项				
	非常不符合	不符合	不确定	比较符合	非常符合
我非常喜欢幼儿,能够经常倾听幼儿的兴趣和需求	3(4.23%)	2(2.82%)	1(1.41%)	23(32.39%)	42(59.15%)
我能够尊重儿童的个体差异性,并支持不同儿童的发展	3(4.23%)	2(2.82%)	2(2.82%)	24(33.8%)	40(56.34%)
我非常重视环境和游戏对幼儿发展的价值,能为幼儿创造动手和亲自体验的机会	2(2.82%)	2(2.82%)	1(1.41%)	26(36.62%)	40(56.34%)

案例1-1:班级操作区材料投放

A2:"韩老师是幼儿园小班的主班老师,她在设置班级操作区的时候,投放了夹豆子的材料,包括夹子和筷子,并投放了用卫生纸做的纸团、泡沫小球和豆子三种不同的材料以便让不同发展水平的儿童进行操作。"

教师在此活动中,促进了儿童精细动作的发展,提高了儿童的手眼协调能力和注意力。同时,教师能够兼顾班上不同儿童的发展需求,关注儿童发展的差异性,反映了幼儿园教育教学活动中幼儿教师教育理念的不断更新。

2. 幼儿教师对待幼儿园教育态度方面

在幼儿园的保教活动方面,问卷调查结果显示,大部分幼儿教师能够认同幼儿教育活动中游戏的价值,重视环境对幼儿的影响。在访谈中,12名专任教师能够认同游戏是幼儿园的基本活动,并认为自己比较重视环境和游戏对幼儿发展的价值,能为幼儿创造动手和亲自体验的机会。

B2:"我们幼儿园虽然是所民办幼儿园,但是我们在平时的教育教学中,还是比较注重环境对儿童的影响的,比如我们幼儿园就有很多情境性区域,促进儿童在游戏中学习。我觉得这个是符合幼儿园教育教学的基本规律的。"

需要注意的是,在观察中我们发现,教师们虽然在观念上能够理解正确的儿童观与教育观,但是在真正的教育教学中,教师们依然习惯以教材为蓝本,按照教材的内容进行教学活动。

访谈问题6:您是如何选择所在班级的教育教学活动内容的?

A3:"虽然我能够理解游戏是幼儿园的教育教学活动,活动的出发点是儿童的兴趣。但是在真正的活动实施中,我还是感到比较茫然,觉得自己的能力有限。因此,我还是习惯于借鉴一些权威出版社的幼儿园教材。"

MB1:"目前,我们幼儿园也是不断要求教师开发班本课程和园本课程,但是教师们在实施中问题很多。很多教师自己想主题,并且精心设计各种活动,但是幼儿在此过程中往往是被忽略的。"

(三)幼儿教师个人心理状态与情绪分析

教育是一个能促进教育者和受教育者共同进步的事业。教师是滋润学生生命的源泉,教师职业的价值不仅在于教化育人,而且在于教师自己生命价值的实现和自身发展。因此,教师要给予学生幸福,实现教育培养人的使命,就需要有良好的心理状态和情绪情感,以在促进学生发展的同时也拥有自己的精彩人生。在幼儿园教育教学中,大部分幼儿教师自控能力比较强,具备良好的心理状态,能以积极的情绪进行幼儿教育。在对教师的调查中,大部分教师表示能够注意自己的言行对儿童的影响,会控制自己的不良情绪。从对教师的访谈中可以发现,幼儿教师认为和幼儿在一起还是比较愉快的,但是外在的很多压力经常会影响她们的情绪状态。幼儿教师心理状态与情绪情况如表2-4所示。

表2-4 幼儿教师心理状态与情绪情况

内容	选项				
	非常不符合	不符合	不确定	比较符合	非常符合
我能够在工作中注意自己的言行举行对儿童的影响,控制自己的不良情绪	2(2.82%)	2(2.82%)	1(1.41%)	21(29.58%)	45(63.38%)

访谈问题7:您觉得自己平时的工作压力大吗?您平时的情绪状态会影响教育教学工作吗?

A1:"我觉得工作的压力还是有的,孩子哭闹时,特别时家长不理解时,也会感到心力交瘁。有时候生活中有一些情绪,但是看到孩子时,也会暂时忘掉生活的不愉快。"

A3:"我工作中尽量让自己不要把自己的情绪带到工作中,只要一进入工作状态,肯定得忘记生活中的不愉快。但是工作本身的要求和压力,还是会让自己焦虑,那么分给耐心对待幼儿的时间肯定就会少一些。比如我们经常要完成各种报表填写，迎接不同的检查，让我们不能把所有精力真正放在儿童身上。我们有的家长对我们老师总是不信任，只要他的孩子受了伤，就怀疑是老师做的，让我很难从工作中获得成就感。"

B5："我其实很想把精力放在孩子们的身上，当看到孩子们的变化时，对于我来说，也很有成就感。但是各种各样的文本填写经常让我难以抽身，也会影响心情。面对孩子时，偶尔态度就会比较粗暴"。

从中我们可以看到，教师们很愿意以平静的心态对待幼儿，但是经常受到外界环境的干扰，幼儿教师在完成教育教学任务的同时，要接受各级各层的监督检查，既要开展园本课程的研究，又要开展特色幼儿园的创建，还要进行各种学习活动，这使得幼儿教师始终处于不停的高速运转过程中，产生了"角色超载"现象，因此我们要缓解教师的心理压力，为儿童创造一个良好的发展环境。

二、幼儿教师专业知识分析

专业知识是幼儿园教师专业素养的重要的一部分，是教师专业发展的基石，也是其核心内容之一。根据《幼儿园教师专业标准（试行）》，幼儿园教师的专业知识主要包括"通识性知识""儿童发展知识""保育教育知识"三个方面。通过对教师进行问卷调查，发现教师们在自我评价方面，专业知识的得分普遍比较高，比较符合与非常符合的选择所占比例高。在通识性知识、儿童发展知识、保育教育知识三个方面，教师们认为自己的通识性知识的学习需要进一步加强。幼儿教师的专业知识掌握情况如表2-5所示。

表2-5 幼儿教师的专业知识掌握情况

内容	选项				
	非常不符合	不符合	不确定	比较符合	非常符合
我具有广博的知识，熟悉一般的自然科学知识、基础人文知识和艺术领域的知识	2(2.82%)	1(1.41%)	10(14.08%)	31(43.66%)	27(38.03%)
我熟知不同年龄幼儿的身心发展特点和规律，掌握促进幼儿全面发展的策略与方法	2(2.82%)	2(2.82%)	6(8.45%)	35(49.30%)	26(36.62%)
我能针对不同幼儿发展的差异性，采取相应的策略和方法	2(2.82%)	2(2.82%)	5(7.04%)	33(46.48%)	29(40.85%)
我熟知幼儿园的教育目标、内容、方法和基本原则，能掌握幼儿园各领域教育的学科特点与基本知识	2(2.82%)	2(2.82%)	3(4.23%)	31(43.66%)	33(46.48%)

通过访谈发现，教师们基本比较认可专业知识在儿童发展中的重要性。

访谈问题8：您认为学习专业理论知识有必要吗？

对此,大部分教师认为学习理论知识是有必要的。

A3:"现在各界对幼儿的心理、社会性等方面的发展都比较重视,而且由于儿童现在的同伴比较少,家庭溺爱情况比较多,所以儿童经常会出现适应性差、社会交往能力缺乏等各种现象,这都需要教师去关注。此外,现在孩子的知识来源渠道比较多,经常会问老师各种各样的问题,家长也会就儿童的各方面问题咨询老师,这都需要教师具备比较专业的知识。"

在专业知识掌握情况的调查中,教师们普遍认为需要丰富自己的知识储备。特别是在通识性知识方面,教师们认为现在儿童的知识来源较广,想象力丰富,自己需要不断丰富知识储备,才能够及时回应幼儿的各种问题,满足幼儿探究的兴趣。

(一) 幼儿教师具备的通识性知识分析

由于儿童的发展是一个整体,教师必须注重各个发展领域之间、不同发展目标之间的相互渗透和整合,而不应片面追求儿童某一方面或某几个方面的发展。这也决定了教师必须掌握广博的文化知识,能够整合不同领域的知识,并在融会贯通的基础上逐渐形成对生命、生活、历史、社会的独到理解、感悟和信念,在幼儿园保教活动中加以实践并促进儿童的协调。因此,对幼儿园教师而言,通识性知识的储备量、文化底蕴的厚重程度,一方面决定了他们的文化水平和掌握的专业知识,决定了其专业持续发展的高度与持久度,另一方面也影响着保教活动的质量。

调查发现,大部分老师能够认识到通识性知识的重要性,认为因为学前儿童的学习涉及语言、社会、健康、科学、艺术五大领域,自身的通识性知识是促进儿童全面发展的基础。对于访谈问题9"对于人文社会知识、自然科学知识、艺术文化知识这几个方面,您哪方面比较缺乏",12名教师中有6名老师认为自然科学方面知识的缺乏是幼儿教师的短板,认为在自然科学知识方面,幼儿教师了解得比较浅显,很难启发幼儿进行深入的探讨。有4名教师认为自己在人文社会知识的广度方面和艺术文化知识欣赏方面,都存在一些不足。"由于目前的幼儿园教学活动基本上是以主题活动和区域活动的形式呈现,给予了幼儿比较自由的发展空间,幼儿的创造性思维有了比较大的发展,因此,在组织科学类活动包括科学实验时,幼儿教师经常会觉得自己对幼儿支持度不够。"我们在幼儿园各类活动的观察中,也发现了此现象。

案例1-2:认识沉与浮

在一次认识沉与浮的活动中,教师带了几个不同的物品和提前设计好的统计表,让儿童对哪些物品可以沉到水里和浮在水面作记录,等记录完毕,老师让儿童记住结果,主要活动便结束了。在此活动中,儿童的兴趣很浓厚,期望能有更多的探究机会。同时,他们也提出了很多问题,比如"老师,我把这个铁块放在泡沫板上,它就浮起来了,但是直接放在水里就沉下去了",有的孩子问"老师,轮船为什么会浮在水面上"。老师只是告诉孩子们是浮力和船的体积的原因,等孩子们长大后就明白了。

在此活动中,由于幼儿教师对科学方面的知识了解有限,只能让儿童探究和了解什么东西可以浮在水面、什么东西会沉下去。在进一步的探究中,幼儿教师的通识知识就难以支持幼儿的探究了。

案例1-3:建构轮船

在建构轮船的活动中,有孩子跑过来向老师请教:"老师,我们怎么搭建轮船的身体啊?这个积木总是倒下去。"这时候,教师走过去,开始进行摸索,替代儿童搭建,等教师自己将轮船搭建起来后,交给儿童进行装饰。

以上案例在说明教师的通识性知识缺乏的同时,也说明了教师缺乏对儿童保教知识的深入了解,课程开发的理念仍有待进一步提升。我们在幼儿园的建构区观察建构活动时经常发现,儿童往往处于被放任状态,儿童的建构经验往往很难提升,经常一学期过去了,他们的经验仍然停留在原先的水平。只有根基深厚,才能枝繁叶茂。同样,幼儿园教师的知识越广博、越丰富,文化素养越高,其在保教工作中往往更有爱心、信心、耐心,更懂得信任和宽容儿童,使保教实践更得心应手。他们不仅仅立足于幼儿现实的发展,更关注幼儿未来的发展。所以,幼儿园教师需要树立终身学习的理念,不断充实自己的通识性知识,提升文化修养,历练师德境界。只有这样,他们才能逐渐从"教书匠"成长为卓越的教师,真正为幼儿一生的发展奠定良好的基础。

(二)幼儿教师具备的幼儿发展知识分析

幼儿教师职业的特殊性导致他们在工作中经常遇到一些突发情况,并且这些问题大多是复杂且无规则的。幼儿教师只有具备扎实的专业知识,才能更好地直击问题的核心并找出问题的本质。目前,大部分幼儿教师虽然掌握了一定的幼儿发展知识,但是仍然有进一步提高的空间;少部分刚入职的教师,由于处于适应阶段,会觉得自己对儿童的了解不够,需要进一步加深自己对儿童的了解。

在访谈中我们也发现,幼儿教师对"专业知识"的需求度还是比较高的。有的幼儿教师表达了对专业知识的渴求。

访谈问题10:您觉得自己熟悉学前儿童的身心发展规律和特征吗?您觉得自己还需要了解关于儿童哪些方面的知识?

B2:"我的教学时间比较短,对儿童的了解还是不够的,未来三年内,我一定要好好学习理论知识,能够关注儿童年龄发展的差异性。"

MB1:"我觉得我们幼儿园老师,能够关注这个年龄段儿童发展的共性问题,但是对儿童个性差异性的关注还是需要再加强。比如,我们发现区域环境的布置,不同班级的同质化还是比较明显的。像娃娃家,有的老师在小班、中班和大班的环境创设方面,差异性不大,没有体现儿童的个性化发展。所以,我觉得其实幼儿园教师关于儿童身心发展特征的了解还是需要加深的。"

MA1:"幼儿园老师对儿童的了解更多来自实践,带有经验化的特点,但是我们的理论基础还是不强,比如教师在开家长会的时候,没有办法把自己组织的很多活动用专业性的表达呈现给家长。"

A4:"我已经做幼教工作超过5年了,刚带了两轮孩子,都是从小班到大班,我觉得自己对儿童各方面的发展还是比较了解的。不过有关于特殊孩子的知识,我觉得还是需要进一步加强的。比如,班上有一个孩子,他来了幼儿园后,一个学期都没有开口和班上的小朋友说话,我经常让语言能力发展比较好的孩子来带动他,也鼓励他,但其父母反映这个孩子和家人之间的交流是顺畅的。所以,我希望能够多了解这些方面的知识,让班级的氛围更好。"

通过这些调查我们可以发现,随着最近几年学前教育的发展和教师队伍整体学历水平的提升,教师在幼儿发展的知识储备方面整体情况是比较好的,但是评价、支持、促进儿童发展这方面的知识仍然有待提高,对特殊儿童教育理论知识的掌握也有待提高。

(三) 幼儿教师具备的幼儿保育与教育的知识分析

在幼儿保育和教育知识方面,大部分幼儿教师对幼儿园的教育目标、内容等还是比较熟悉的,能够充分掌握幼儿园基本的教育方式和组织形式。但是通过访谈可以发现,受传统观点的影响,教师们比较熟悉的活动往往是集体教学,所以他们觉得在区域活动的组织和实施、园本课程的开发等方面仍然有待进一步提高。另外,在和家长的沟通方面,教师不能灵活运用学前教育的相关知识为家长答疑解惑,很难赢得家长的理解和支持。这说明,教师缺乏针对不同儿童提供个性化支持的知识,因此往往在与家长的沟通中略显专业性不足,因此难以得到家长的支持和信任。

访谈问题11:您觉得自己在幼儿园教育教学哪方面的知识有待加强?

A1:"我觉得在观察儿童这一方面,我还需要提升理论水平,比如观察的角度、观察的方法、如何进行恰当的分析等还需要加强。另外,在与家长的沟通中,我需要掌握更多的沟通方法。"

B1:"我觉得在集体活动的组织上,自己没有太大的问题,但是在区域活动组织和园本课程开发这些方面,自己的知识储备还不够。有时候班上的区域活动显得很冷清,我也知道要加强对儿童兴趣的支持,但是自己就是比较难把握从哪些方面着手。"

从以上对教师的访谈中可以看到,作为幼儿园教师,不仅需要了解儿童身心发展规律和特征的相关知识，还必须掌握不同背景下对不同儿童的表现给予恰当支持的相关策略。教师只有进一步完善幼儿园教育相关的专业知识结构，才能满足学前教育高质量发展的要求。在调查中我们也发现，学前教育专业的老师、本科学历层次以上的老师，掌握的相关知识更加丰富，也能关注儿童多方面的发展。公办幼儿园的老师比私立幼儿园的老师在这方面做得更好。但是如果私立幼儿园重视教师的专业发展，经常邀请专家去幼儿园进行教研，教师的专业知识整体水平比同类幼儿园能更好一些。

三、幼儿教师专业能力发展现状分析

幼儿教师的专业能力是影响教育质量的关键因素，是幼儿园教师专业发展的核心点。《幼儿园教师专业标准（试行）》要求幼儿教师必须具备的专业能力有环境的创设与利用能力、一日生活的组织与保育能力、游戏活动的支持与引导能力、教育活动的计划与实施能力、激励与评价能力、沟通与合作能力、反思与发展能力等。从对幼儿教师这几方面的调查中可以看到，幼儿园教师普遍能认识到幼儿园环境在幼儿发展中的价值，能科学合理地组织一日生活，体现保中有教、教中有保，并能理解游戏在幼儿发展中的价值。但是在环境创设、游戏活动组织、观察和分析评价儿童等方面，多数教师不能将专业技能灵活应用于各项活动。

（一）幼儿教师环境创设能力分析

环境的创设要充分结合教学目标、幼儿兴趣、幼儿需求等因素，幼儿园教师普遍认同环境创设与利用的重要性，能够意识到幼儿园的环境创设必须符合儿童的年龄特点，也能考虑到根据教育目标的要求、幼儿的兴趣等来创设环境。在访谈中，教师对自己环境创设的能力评价都比较高。但是通过对幼儿园的教育活动观察我们发现，教师在环境的动态性调整方面略显不足，缺乏对儿童年龄差异性及幼儿兴趣的关注。幼儿教师的环境创设能力情况如表2-6所示。

表2-6 幼儿教师的环境创设能力情况

内容	选项				
	非常不符合	不符合	不确定	比较符合	非常符合
我具有较强的教育环境创设与利用能力	1(1.41%)	2(2.82%)	5(7.04%)	31(43.66%)	32(45.07%)
我能建立良好班级秩序与规则，营造良好的班级氛围	1(1.41%)	1(1.41%)	3(4.23%)	29(40.85%)	37(52.11%)

访谈问题12：您认为什么样的环境才是好的环境？您在环境创设中面临的问题是什么？

在环境创设方面,对于什么是好的环境创设,12名教师和4名管理人员普遍认为好的环境首先应漂亮,其次是儿童喜欢。

A2:"我觉得好的环境是孩子参与性强的环境,比如我花了很大的精力创设了班级表演区,但是孩子们却很少进来,这样的环境就对孩子的影响力不够。当然,这也是我经常困惑的地方,也就是如何把握儿童的需求。"

B5:"关于环境创设方面,我觉得环境在审美性、视觉上能够吸引幼儿。我觉得自己的手工制作能力还有待加强。"

访谈问题13:您平时比较关注哪方面的环境创设?幼儿教师、幼儿和家长,您认为谁是环境创设的主体?

A3:"创设环境当然最累的是教师。我们幼儿园要求一个月换一次走廊和教室墙面的环境,所以每次更新环境的时候,我们都得花费好多时间和精力。"

通过调研可知,当前环境创设效果不佳有以下原因。

第一,对不同年龄段的幼儿需要的环境特点把握不足。比如,有的幼儿园从小班到中班到大班,娃娃家区域的差别性不大。有的教师给小班的幼儿投放建构材料,把一套拆分来,分给几个不同的幼儿。由于小班的孩子还不会玩合作游戏,几个小朋友每个人自己摆弄着手里的少量游戏材料,参与游戏的兴趣也不高。这就不难解释,为什么某些幼儿园的班级的有些区域会成为一种摆设,区域经常空无一人,这样便没有达到区域设置的目的和价值。

第二,重视物质环境创设,忽视精神环境创设。《幼儿园教育指导纲要(试行)》指出:"环境是重要的教育资源,应通过环境的创设和利用,有效地促进幼儿的发展。"这里所说的"环境"是广义上的环境,是指能够促进幼儿身心健康发展的一切条件总和,既包括幼儿园内部的环境,又包括幼儿园外部的大环境,如家庭、社会等;既包括人的要素,又包括物的要素。然而,目前,幼儿园领导和教师对幼儿园环境创设含义的理解存在偏差,片面地认为幼儿园环境只包括物理环境,导致幼儿教师在对幼儿园环境进行创设的过程中将幼儿园环境创设片面地理解为伸手可见的物理环境创设,割裂了精神环境与物理环境的和谐性;同时,他们对物理环境创设的理解过于狭隘,认为布置完善幼儿园空间、完善设施设备的配置、安全的保卫就是做到物理环境创设,因而忽视了环境的实用性和教育性。另外,有一些幼儿园的环境虽然看起来非常精美,但基本都是教师视角的环境创设,全部由教师完成,儿童很少参与到环境的创设中,从而错过了利用环境创设对幼儿进行实践教育的大好时机。更有教师为了精心布置的环境不被幼儿"破坏",硬性要求教室的墙饰、摆设等只能看不能动,完全忽视了幼儿的主体性。

(二)幼儿教师生活活动、教学活动、游戏活动的组织与实施分析

教育的使命是促进人的整体发展,使人成为完整的个体。儿童的生理、心理、精

神等方面的发展是儿童发展的不同侧面,它们构成了一个整体,相互联系,彼此制约。幼儿园教育起源于生活,教师要用自己的专业能力,抓住一日生活中的各种教育契机,在引导幼儿体验生活、理解生活的基础上建构新的学习经验,做到生活教育化、教育生活化。幼儿园的基本活动是游戏,让幼儿在游戏中学习、寓教育于游戏之中是幼儿园的基本特征。生活活动和游戏活动也是教学活动的延伸,幼儿于教学活动中习得的知识和技能可以在游戏中得到巩固和运用。因此,幼儿园的各类活动并不是截然分开的,应该互相配合、互相促进,共同促进儿童的成长。幼儿教师相关活动的组织与实施情况如表2-7所示。

表2-7 幼儿教师生活活动、教学活动、游戏活动的组织与实施情况

内容	选项				
	非常不符合	不符合	不确定	比较符合	非常符合
我能合理安排和组织一日生活的各个环节,并充分利用各种教育契机,对幼儿进行随机教育	2 (2.82%)	3 (4.23%)	5 (7.04%)	30 (42.25%)	31 (43.66%)
我能充分利用与合理设计游戏活动空间,提供丰富、适宜的游戏材料	1 (1.41%)	1 (1.41%)	3 (4.23%)	29 (40.85%)	37 (52.11%)
我会鼓励幼儿自主选择游戏内容、伙伴和材料,支持幼儿主动地、创造性地开展游戏,充分体验游戏的快乐和满足	1 (1.41%)	2 (2.82%)	2 (2.82%)	30 (42.25%)	36 (50.7%)
在组织教学活动时,我能充分考虑活动的趣味性、综合性和生活性,灵活采用多种教学方式和方法	1 (1.41%)	1 (1.41%)	3 (4.23%)	33 (46.48%)	33 (46.48%)
在教学活动中,我会尽量让每个幼儿都参与到活动中,每个幼儿都有充分表达自己的机会	3 (4.23%)	4 (5.63%)	6 (8.45%)	30 (42.25%)	28 (39.44%)

通过表2-7我们可以看到,在生活活动、教学活动与游戏活动几个方面,教师们各类活动的组织能力都较高,能够将各种活动进行有机融合。但仍有部分教师在生活活动与教学活动的融合方面略显不足,不能在教育活动中对幼儿进行随机教育。另外,在儿童的个性化培养方面,少数教师在教学活动中不能给予每个幼儿表达自己的机会。在观察中我们发现,由于教师们依然习惯于以集体活动的形式开展教学活动,讲授法是最为普遍的形式,因此,教师不能够关注到每个幼儿的需求。

访谈问题14:您认为保育活动、教学活动与游戏活动的主要作用分别是什么?

A5:"我觉得主要是促进儿童的身体健康,教学活动主要是让儿童学习知识,游戏活动就是让儿童身心愉快。"

B5:"保育活动就是带儿童吃饭、穿衣、喝水、洗手、午睡等,这都是十分简单的环节,没有什么需要学习和讨论的,主要就是关注好他们的安全。教学活动一般目的

性比较强，我们严格按照教学计划走。游戏活动一般就是让儿童自己游戏，这是一种潜移默化的学习。"

B6："我们的老师配备是两教一保。保育活动主要是保育老师负责，另外两个老师负责教育教学活动。我们早上主要是集体教学，下午是区域游戏。早上活动的计划性比较强，下午的活动给予幼儿的自由性比较大。"

访谈问题15：您平时组织的幼儿园教学活动主要形式是什么？您主要是如何进行教学的延伸活动的？您幼儿园的区域活动会和集体教学联系在一起吗？

A2："我们教学活动的主要形式仍然是集体教学。一般，延伸活动主要是让幼儿回家和父母一起操作。我们也会把延伸活动放在不同区域中进行，比如艺术活动中，如果儿童的绘画没有完成，我们会让他们在美工区继续完成。"

A1："我们主要是上午进行集体教学活动，下午进行区域活动。区域活动和教学活动互相结合在一起当然非常好。但是我们现在大部分教师组织的游戏活动和教学活动是分割的。"

B4："我们的区域环境设置后，一学期内就基本不会变化了，所以区域活动基本上和教学活动关系不大。"

B2："在教育教学活动中，我们还是会关注到自己班上孩子的发展和水平。毕竟带了很多年的幼儿，我们对幼儿各方面的发展特点还是比较清楚的，因此在组织活动的时候会观察儿童整体发展的不同和班上个别儿童的表现。我比较关注我们班上在社会交往方面、生活自理能力等方面表现比较弱的孩子。我一般会对这些孩子降低一定的要求，并给予一定的支持。但我们的活动形式主要是集体活动，区域活动我们也经常组织，有时候会对教学活动进行补充，比如让孩子把没画完的画放在区域中完成，但整体的结合度不高。"

MB2："经过我们的不断培训，教师的教育理念有了很大的转变，但在实际的教学过程中，高控还是比较明显的。有的老师组织的活动看起来非常丰富，但是在此过程中，所有的思路都是老师提供的。当需要儿童动手的时候，教师们往往不舍得放手，代替儿童操作的现象比较多。"

通过以上内容我们可以看到，幼儿教师缺乏对生活、教学、游戏之间关系的理解，总是在教育中将它们进行了分割。

1. 生活活动的组织方面

幼儿的一日生活被割裂成好几个不相关联的部分。在生活活动组织方面，教师缺少对生活活动深入的思考和准确的价值判断，更缺少与幼儿有效互动的方法和策略。因此，教师不会在生活活动的场景中利用教育契机，对幼儿展开教学与支持，为幼儿提供学习的机会。大部分生活活动中，教师只要照顾好幼儿的起居饮食即可达到园所的要求，不需要进行过多的教育干预。生活活动组织实施过程经常出现生活活动集体做事多、统一要求多、过渡环节等待时间长、幼儿的自主选择和个性化的活动少等诸多问题。

2. 游戏活动的组织方面

当强调游戏时,强调幼儿园的基本活动时,强调游戏中儿童的自主性时,很多教师就会认为教学活动是高控,把教学活动与游戏活动对立起来。一些教师为了融入游戏而把教学活动做成了游戏活动的拼盘,导致游戏活动与教学活动缺乏衔接,教学内容与生活内容也缺乏有机结合。有的幼儿园为了体现游戏自主性,开始追求游戏的表面热闹,美食店、美甲店、超市、医院等几乎占据了所有的活动区,这些活动区之间并没有经验的联系,幼儿热热闹闹玩一场下来,除了"热闹"并没有其他收获。游戏活动之后也没有反思与集体讨论。

3. 教学活动的组织方面

在几类活动中,教师们比较关注教学活动的组织与实施。幼儿园教学关注不同活动内容的有机结合,倡导将儿童原有的生活经验融入游戏活动和教学活动中,通过幼儿熟悉的环境、熟悉的场景实现教育,从而激发幼儿的学习欲望,使幼儿从中获得生活经验,拓展幼儿的能力。而教师只有不断提升自身的专业化水平,充分尊重孩子的天性,积极了解孩子的原有经验,不断创新思维和勇于实践,幼儿园集体教学活动才能更多体现"自主、自由、愉悦、创造"的游戏精神,进而保证孩子在快乐的集体教学活动中进行有意义的学习,更好地促进幼儿健康成长。

随着教学方式的变化,幼儿教师教育技术应用能力的重要性逐渐凸显。现实中,教师们的教育技术主要是用在发布美篇、发布微信公众号等宣传方面,体现在教育教学中的比较少。同时,随着多媒体逐渐成为幼儿园教学活动的主要工具,部分教师愈加依赖于现成的课件等素材,这虽然会减轻幼儿教师的教学负担,但教师难以根据儿童的需求不断生成新的课程内容,且没有考虑到幼儿质朴的原始需求,也不利于师幼之间的互动。同时,教师们艺术技能不断生疏,越来越缺乏将技能灵活融入活动中促进儿童艺术感受力和表达力的能力。

4. 活动中关注儿童的差异性方面

近年来,随着社会对儿童兴趣需求关注的提高,园本课程的开发对教师专业素养的要求增强。教师们的教育理念不断更新,多数幼儿教师都能够关注幼儿的差异性,在活动中重视幼儿的自主性,能够根据幼儿的身心发展特点开展适当的教育活动。教师也会根据幼儿的身心发展特点不断调整教学计划,从而促进幼儿更好地发展。有很多老师提到,虽然明白现在的理念是要从儿童的视角出发,但是仍然会忽略儿童的兴趣和需求。各类活动中高控的现象仍然比较明显,所以经常会出现教师组织活动的时候幼儿没有兴趣,但是当儿童自主活动的时候,幼儿却兴趣盎然的情况。"当我们组织儿童进行区域游戏的时候,他们往往活动一段时间就没意思了。但是偶尔有的家长接孩子来迟了,我们让幼儿自己在区域中玩,却发现他们在区域中玩得非常开心。我们也在思索问题所在。""老师们在表演区投放了很多材料,但是孩子们就是不太喜欢这里。"在观察中我们发现,当老师在游戏中示范和高控的时候,孩子们往往比较难以放松,不能自由地表现自己。比如在表演区中,虽然老师投放的材料看起来很丰富,但往往缺乏操作性,教师给儿童的设定就是表演,说明教师没有根据儿童的身心发展特征投放创新性的材料。

案例1-4:三八节的礼物

三八节来临的时候,老师(TB4教师)为促进儿童对面粉和颜色的认识,指导幼儿使用面粉给妈妈做花朵,送给妈妈,祝妈妈节日快乐。在此过程中,教师自己做出了不同颜色的面团,示范如何用面团做花后便让幼儿进行操作。最后,每个孩子做出来的花朵基本上比较相似。当最后访谈教师"为什么不让儿童自己尝试做不同颜色的面团"时,教师提到害怕孩子做失败,不能呈现给家长良好的效果。在教研中,教师也反思不一定要让所有孩子做花,可以做自己妈妈喜欢的各种礼物送给妈妈。

在这个过程中,我们可以发现,目前的幼儿教师虽然具备了一定的专业理念、知识和技能,但是仍然难以从儿童的需求和视角出发去开展教育教学活动,这也影响了幼儿园园本课程的开发与实施。

(三)幼儿教师观察能力分析

观察能力是考核教师专业能力的标准之一,也是促进教师专业发展的手段之一。《幼儿园教师专业标准(试行)》强调观察在幼儿教育中的特殊地位,强调教师要以观察的方式了解、关注、尊重、发现幼儿。因此,幼儿教师的观察能力是幼儿园课程和教学的起点。教师通过教学或游戏观察幼儿的兴趣、已有经验、发展需要,及时发现幼儿的需求和问题,了解幼儿的身心发展状况,评估幼儿的发展水平,这样,教师才能制订合适的教学计划和干预措施。与此同时,教师也可以反思自己教育教学中的不足,优化自身的知识结构,从而进一步促进儿童的发展。调查发现,在幼儿教师的多种能力方面,幼儿园教师对自己观察和评价幼儿能力的评价都相对较低。问题"您认为最需要提高的是哪方面"的答案中,教育理念、观察评价儿童的能力、科研能力与家园沟通能力排在前四个方面。幼儿教师观察能力情况如表2-8所示。

表2-8 幼儿教师观察能力情况

内容	选项				
	非常不符合	不符合	不确定	比较符合	非常符合
我在保教活动中会观察幼儿,并根据幼儿的兴趣和需要,调整活动,给予适宜的指导	1(1.41%)	3(4.23%)	7(9.86%)	31(43.66%)	29(40.85%)

续表

内容	选项				
	非常不符合	不符合	不确定	比较符合	非常符合
我能及时发现和赏识每个幼儿的点滴进步,并给予及时的赞赏和鼓励,激发和保护幼儿的积极性、自信心	1(1.41%)	2(2.82%)	5(7.04%)	32(45.07%)	31(43.66%)
我能有效运用观察、谈话、作品分析等多种方法,客观、全面地了解和评价幼儿	1(1.41%)	2(2.82%)	7(9.86%)	32(45.07%)	29(40.85%)

通过以上数据我们可以看到,幼儿教师在观察儿童、及时给予儿童支持及评价方面的整体得分相对较低。选择不确定的教师人数相对增加,说明教师的观察能力还有待提升。

访谈问题16:在平时的活动中,您能对儿童进行及时观察,并在此基础上对儿童进行恰当评价吗?

A6:"幼儿园经常要求我们在儿童活动的时候对儿童进行观察,填写观察分析手册,并给予一定的评价,填写支持意见。但是我们经常是到了要交给幼儿园的时候,匆忙填写一下。我们每天感觉都很忙,能够深入思考的时间并不多。我们对幼儿的评价主要就是口头表扬和鼓励,还有就是和家长进行沟通、开家长会,填写家园联系册的时候对幼儿不进行评价。而且这些评价往往都是总结性的评价。"

B6:"我们也知道现在观察能力比较重要,但是我们目前也在摸索观察什么、如何观察。专家来我们幼儿园的时候,说我们的观察记录主观性太强,缺乏客观性的描述。"

MA2:"现在都是比较重视幼儿教师的观察能力。但是教师的聚焦往往比较散,交上的观察记录应付的比较多。"

MB2:"为了促进幼儿教师的观察能力,我们目前正在对教师进行培训。很多老师不知道观察什么、观察记录怎么写。"

案例1-5:种植区的讨论

教师在班级的户外走廊种植的西红柿,刚刚结出了几个小果子。刚刚吃完午饭的几个儿童正在热烈讨论:为什么这两棵西红柿上红的西红柿的数量不一样呢?为什么在教室里面不能种西红柿呢?"太阳不一样""我给它浇水多""教室里面没有蜜蜂",这其实是一场非常好的生成课程的契机。这个时候教师就在旁边,但是她并没有意识到这一点。孩子们讨论了一会儿,到了午睡时间,就进入寝室睡觉了。

通过以上案例我们可以看到,幼儿教师的观察能力是有待提高的。结合对教师教育活动的观察,我们可以进一步发现教师观察能力的不足主要体现在:

第一,观察的目的性不强,缺乏评价依据。绝大部分幼儿教师认为开展观察工作的目的与价值在于了解儿童,通过了解儿童的年龄特征和发展水平、了解儿童的兴趣和需求、了解儿童的脾气秉性和性格特征、了解儿童的内在想法等,进一步帮助儿童,为儿童的发展提供相应的教育支持。但是他们观察的目的不够明确,主要表现为教师不能根据观察需要和观察内容确定观察目标,教师们面对儿童往往表现得很茫然,不知道从哪里着手观察儿童、观察什么。大部分幼儿园对幼儿的评价多以儿童成长档案的形式呈现,但是效果不佳。

第二,观察内容的涉及面比较窄,缺乏观察方法。幼儿教师更容易关注"突出的"儿童。在儿童群体中,以年龄阶段为衡量基准的前提下,对比表现没有特别突出的儿童来说,那些表现优秀、活跃、能力强的儿童比表现弱一点、发展情况特殊的儿童更容易引发幼儿教师的关心与注意。当儿童都在进行游戏时,幼儿教师会更乐于细致观察儿童之间的合作、纠纷、争抢、冲突、告状、攻击性行为等与互动相关的画面,还有儿童解决问题的方式和儿童表现出对某事物感兴趣的行为与语言反应。很多教师仅凭一次观察就对幼儿进行判断,且很少对幼儿进行跟踪观察。教师观察细致性不足,大部分幼儿教师不能详细记录儿童活动的过程和结果,记录中也很少涉及幼儿发展水平和个体特征等的细节。当儿童出现某类行为时,教师们往往会根据自己的主观经验对儿童进行评价,缺乏用指南来引领自己的能力。

第三,缺乏客观记录儿童行为的经验,评价带有盲目性。教师们观察记录时,容易缺乏客观性,容易将自己的看法融在记录中。大部分观察记录表在分析阶段参考且仅仅依照《3~6岁儿童学习与发展指南》去解读儿童的行为,进而对照儿童是否达到其所在年龄阶段的发展要求;在没有明确使用《3~6岁儿童学习与发展指南》的观察记录表中,指向儿童发展水平的痕迹依旧随处可见。过于关注当下的儿童是否达到其所在年龄阶段的标准,看重年龄阶段的特点与横向差异,体现了幼儿教师对年龄阶段的刻板印象,也说明其对于儿童正在形成的能力缺乏科学认识。

第四,缺乏对儿童的有效支持。幼儿教师在观察儿童的过程当中持续思考并给予儿童回应,后续应继续提供相应的教育支持,并对自身、实践和观察工作进行反思,在观念和实践层面上获得双重收获。反思自身是指具体的观察工作结束后,幼儿教师对自己的理念、经验与前期工作进行总结思考。但是,调查发现,有的教师能认真观察儿童的行为,但是不知道如何应对儿童的行为,难以提出针对性的建议。

(四)幼儿教师的沟通与合作能力分析

在沟通能力方面,问卷主要围绕教师与家长、教师与同事、教师与社区之间的关系展开调查。通过表2-9我们可以看到,幼儿教师整体上能够与家长及同事展开积极的沟通,说明这两个幼儿园非常关注家园合作,并能为教师创设好的学习环境。但同时我们也看到,幼儿教师与社区合作交流方面的能力相对较弱,说明幼儿园目前的学习环境主要局限于幼儿园内部,缺乏与周围社区合作,缺乏对社区资源的利用,从而造成幼儿园教师这方面的意识和能力相对不足。

表 2-9 幼儿教师的沟通与合作能力情况

内容	选项				
	非常不符合	不符合	不确定	比较符合	非常符合
我能积极主动通过微信、电话、面谈等多种方式,与家长进行沟通与交流	1(1.41%)	1(1.41%)	3(4.23%)	28(39.44%)	38(53.52%)
我能够与同事展开良好的合作,分享教育资源和经验	1(1.41%)	2(2.82%)	2(2.82%)	26(36.62%)	40(56.34%)
我能够与周围的超市、博物馆等社会资源进行合作,促进幼儿在生活中学习	1(1.41%)	6(8.45%)	10(14.08%)	27(38.03%)	27(38.03%)

通过对教师们进行访谈,教师们表示,目前主要的沟通来自与家长的沟通交流,虽然大部分教师表示"我会积极主动与家长进行交流,主要形式有打电话、发微信或者面谈",但他们依然表示,"与家长沟通,获得家长的充分支持是她们工作中面临的重要问题之一"。因此,我们主要从家园沟通的角度分析沟通与合作。

教师和家长的沟通形式主要分为两个方面:第一,日常的互动交流,主要有接送时交流、微信、家长联系册等方式;第二,集体活动或亲子活动交流,如家长会、运动会、节日庆典等。在调查中,大多数教师表示与家长的沟通存在时间少、效果不佳、教育理念不同等问题。

通过与教师们进行交流我们发现,首先是当儿童出现问题时,教师与家长的沟通频率会比较高。其次是当儿童取得进步时,教师会在入园和离园环节进行及时反馈。另外,幼儿园举行活动需要家长参与的时候,教师会就活动意义与家长进行沟通。

访谈问题17:一般在什么情况下您会和家长进行沟通?您认为自己和家长的沟通顺畅吗?

12名教师中,有6名教师认为当儿童出现问题时会和家长进行个别沟通,有4名教师提到幼儿进步比较明显时会和家长沟通较多,还有2名教师表示希望幼儿园的工作得到家长的配合时会跟家长进行沟通。

A1:"每学期我们会有两次大型家长会,每个月会有一次亲子活动,与家长的个别沟通主要在早上孩子入园和下午离园的时候多一些。当儿童在某方面需要教师进行特别关注的时候,我们就与家长沟通多一些。或者个别儿童不小心在幼儿园磕了碰了,我们也会和家长沟通。"

B1:"其实,我每天都会把当天的活动在微信群跟家长进行分享,并告诉家长我们活动的意义。当天气变化的时候,我会提醒家长注意事项。整体上,家长们都还是比较认可我们的工作的。每次开展活动的时候，家长们都会积极参与，也比较认可幼儿园的活动。一般情况下，爸爸妈妈喜欢关注儿童的学习，爷爷奶奶更加关注儿童的饮食和安全。"

B3："很多时候和家长的沟通在于家长对我们的工作不了解，也不了解幼儿园工作的性质。我们一个班有20～30个儿童，总共3个教师。我们有时候发个活动的照片，有的家长就会问为什么没有拍到他们家孩子。我多发了几次儿童在幼儿园游戏的图片，有的家长就说我们光让孩子玩。所以，家长的教育理念如果与我们不一致，沟通就比较难。"

在与家长代表的交流中，家长们则表示，教师主要是要求家长配合幼儿园的工作，没有考虑到家长的真正需要，这使家长感觉自己处于被支配地位，导致家长的积极性不高，影响家园共育的效果。实际上，教师只是在家长接送时简单向家长反馈幼儿在幼儿园的情况，很少主动询问幼儿在家的情况，只有幼儿出现特殊情况时才与家长沟通。这样的沟通不及时、不主动，对幼儿的发展所起的作用并不大。

通过以上分析我们可以看到，幼儿教师与家长的交流沟通较少，沟通的主要目的是向家长反馈幼儿在身体、行为习惯等方面出现的问题或者向家长谈论幼儿在家的情况；也有教师表示，与家长沟通的目的在于反馈幼儿的进步情况、希望家长与自己达成共识或者是需要家长配合教育教学活动。这表明，大多教师对家园共育的目的理解不深刻。而教师与家长沟通少、不主动，很大程度上反映了教师沟通能力的欠缺。经验丰富的幼儿园教师在与家长沟通时善于运用沟通技巧和语言表达技巧，并且心理素质过硬。A1老师已经有7年的工作经验，她表示："你有经验以后，你见得多了，碰到什么样的家长，就知道应该用什么样的方式去沟通。"因此，为了保证家园合作的顺利开展，幼儿园教师的沟通与合作能力还有待进一步提升。

在重阳节活动中，B幼儿园邀请了爷爷奶奶来幼儿园参观，分享幼儿园的半日活动。一位奶奶谈道："X幼儿园举行了关于重阳节的亲子活动，我觉得特别好，让我们和孩子们都特别有仪式感。"另一个奶奶也分享了自己的思想感悟："以前，孩子在幼儿园，我就觉得教师要全身心关注我的孩子，如果孩子不小心磕了碰了，我就认为是教师没有照顾好自己的孩子。但是当我自己走进幼儿园的时候，我才发现了老师们的辛苦和不容易，对老师们的工作有了充分的理解。"结合访谈我们可以看到，许多幼儿教师会抱怨家园关系紧张，但教师们其实都是在谈幼儿家长如何不配合自己工作，带给自己工作怎样的困扰。通过观察与访谈我们可以看到，幼儿教师对家园关系的不认同，也和教师的家园关系理念、家园沟通能力有比较大的关系。

(五) 幼儿教师的反思与进修学习分析

1. 教育教学反思方面

如表 2-10 所示,在反思方面,绝大多数幼儿教师会对自己在教学及游戏活动中的行为进行反思,这与教师自身的反思意识密不可分。此外,幼儿园也会要求教师在一些活动之后进行反思。

表 2-10　幼儿教师反思能力情况

内容	选项				
	非常不符合	不符合	不确定	比较符合	非常符合
我经常对自己的教育教学活动进行深入反思	0(0%)	3(4.23%)	5(7.04%)	27(38.03%)	36(50.7%)
我能通过教学反思不断调整自己的教育教学活动计划	1(1.41%)	2(2.82%)	6(8.45%)	30(42.25%)	32(45.07%)
我能持续学习学前教育方面的新理论、新方法,促进自我更新与发展	(0%)	3(4.23%)	5(7.04%)	33(46.48%)	30(42.25%)

通过以上数据我们可以看到,受教育理念不断更新的影响,大部分教师表示自己不断学习新的理论和方法。"现在不学也不行,幼儿园的教学活动形式有了新的变化,比如园本课程也不断加强要求,幼儿园也经常邀请专家进园进行培训。"50.7%的教师在教学反思方面选择非常符合,38.03%的教师选择比较符合,选择不确定和不符合的教师共占比 11.27%,说明教师们能够意识到教学反思的重要性,大部分教师能够进行反思,但是仍有一部分教师还缺乏对教育教学进行反思的能力。另外,个别教师虽然会进行反思,但是他们却不能在反思之后对教育教学活动进行及时的计划调整,因此能在"教学活动反思后调整自己教学计划"的人数相对较少。

如表 2-11 所示,在教学反思形式方面,教师主要是与同事进行教学研讨,其次是写教学反思日记和写期末小结,选择论文形式的最少。还有 11.27% 教师表示想写但写不出来,9.86% 的教师表示虽然会写教学反思,但是意志薄弱,不能坚持。这说明后续的教师培训要加强教师反思能力的培养。

表 2-11　幼儿教师教学反思的形式

反思形式	人数	占比
想写但写不出来	8	11.27%
写反思日记	17	23.94%
与同事研讨	21	29.58%
写成论文	2	2.82%
写期末小结	11	15.49%

续表

反思形式	人数	占比
意志薄弱，不能坚持	7	9.86%
其他	5	7.04%

访谈问题18：您会在一天结束后对自己的教育教学活动进行反思吗？教育教学活动反思会以什么样的形式呈现？

A3："我们的教学反思主要是以与同事进行研讨的形式进行。其实我们的教学活动设计经常会要求教师对自己的行为进行反思，除此以外，对于节日活动或者亲子活动等，我们也都会进行反思。每周我们会举行教研活动，让教师讨论教育教学中的困惑。但是我们往往讨论完了以后，没有形成文字型的资料。另外，幼儿老师的工作强度比较大，我们往往很难及时记录自己的想法，所以反思有时候比较表面，很难在进行下次活动时体现出来。"

A5："我们幼儿园会经常要求教师进行课后反思，并且形成文本的形式，但是其实反思都比较浮于表面。一般，我们在教学活动设计之后加上教学反思的形式比较多一些。"

B1："我上次在春季的时候，在班上设置了内容非常丰富的自然角，家长和孩子们的参与度也很高。比较遗憾的是，我们没有让孩子们把自然角跟随季节的变化记录下来。比如，我带领孩子们种植了西红柿，西红柿都长出来了，结果最后没有完全成熟。还有一些水培植物和小动物，我们查阅的资料不够充分。我觉得当时应该让孩子们参与更深入一些，如果我们一起查阅自然角的植物和动物的生活习性，并定期记录其成长过程，对孩子们的启发性会更强。"

访谈者：其实你们上次的想法很好，虽然中间有一些种植失败了，为什么不带领孩子们总结失败的经验，重新在原来的基础上做自然区呢？

B1："受限于我们的学习计划和时间，虽然我清楚了原因，但还是没有带着孩子们做起来，主要是精力不足。"

从中可以看到，幼儿教师会对自己的行为进行反思，但她们的一些想法并没有转化成实际行动，有的是因为时间精力有限，有的是因为安于现状，有的则是因为忙于琐事而难以静心沉思，这实际上对于促进幼儿教师的专业发展来说并没有起到任何作用。所以，要想使幼儿教师的专业水平有实质性的提升，最重要的环节就是把意识层面的想法外显化。教师往往很难从行动中反思、从行动中思索，审视教育工作中所面临的问题，所以行动研究就难以展开。

2. 专业进修与学习方面

通过对教师进行访谈，10名专任教师和4名管理人员都表示期望能有更多的学习机会使自身的专业知识和能力有所提升。另外2名教师中，1名教师表示不喜欢参加培训，1名教师表示得看培训的质量。在问卷调查中我们可以看到，这两个幼园中,教师参加培训活动的机会还是比较多的,两个幼儿园都比较注重邀请专家来幼儿园对教师进行培训。但在培训意愿方面,有2名教师表示不太愿意参加培训,6名教师表示不确定(表2-12)。也有教师表示,培训的形式会影响她们参加培训的意愿。

表 2-12 幼儿教师参加培训活动情况

内容	选项				
	非常不符合	不符合	不确定	比较符合	非常符合
我经常参加教育行政部门组织的培训活动	0(0%)	0(0%)	7(9.86%)	30(42.25%)	34(47.89%)
幼儿园经常邀请专家进行入园培训	0(0%)	0(0%)	6(8.45%)	32(45.07%)	33(46.48%)
我非常愿意参加各种进修、交流和培训活动	0(0%)	2(2.82%)	6(8.45%)	23(32.39%)	40(56.34%)

访谈问题19:您是否愿意主动积极参加培训?您期望有什么样的培训?

B6:"我们也能理解参与培训、不断学习,但是精力也真的是有限,感觉时间和精力都跟不上。"

A6:"我对于参观别的幼儿园的交流和实践性培训还是比较喜欢的,但是纯理论的培训有点难以接受,希望能有更多解决实践困惑的培训。"

另外,在调查过程中我们发现,幼儿教师虽然有参加培训的意愿,但是目前幼儿园还没有形成良好的科研氛围。很多园所忽视了对幼儿教师科研意识的塑造和科研能力的培养,导致幼儿教师没有认识到科研的重要性,对科研缺少活力和激情。同时,园内缺少科研型的教师,科研氛围较淡,同伴间讨论交流的机会少,这也会影响幼儿教师对"教育科研与论文撰写"的重视程度。

访谈问题20:您期望有科研能力和写论文方面的培训吗?

从表2-11中可以看到,幼儿教师在进行教学反思时,以写论文的形式呈现的只有2人,表明教师在科研与论文写作方面的水平较低。对幼儿教师进行访谈发现,即使幼儿教师科研与论文写作能力较弱,她们依然表示不太愿意在这方面进行学习。

A5:"科研相关的知识我不太想学习,我们普普通通的幼儿老师,即使能写出来东西,也不一定会有什么价值,还是让有能力的人做吧。"

B5:"我们幼儿园老师不怕实践活动,就怕让我们申请科研项目,觉得太难了。写论文对我来说是非常难的事情。我很难把自己做的事情用理论语言来进行描述,缺乏理论的高度。但是我们每天工作强度大,压力又大,很难沉下心去学习理论,鲜活的案例更吸引我们去学习。"

MB1:"很多老师都不知道怎么写论文和如何选择课题,选题都不太对。"

学习者和研究者角色是使教师的工作保持动态创造的核心,也是促使教师反思和合作的中心。只有不断学习、不断研究,努力提升自己的专业素养,才能正确地观察儿童、发现儿童,所以这一方面也是幼儿教师后续需关注和加强的地方。

第二节　幼儿教师专业发展存在的问题分析

通过对幼儿教师专业发展现状进行总结分析，根据学前教育的高质量发展要求，我们可以看到幼儿教师目前的专业精神比较薄弱，职业认同感较低；专业知识的结构不够平衡，在知识的广度和深度方面有待加强，在幼儿个性特征和幼儿园保教工作规律方面的知识理论性还有待丰富；专业能力有待提升，特别是观察幼儿能力、反思能力等方面是目前幼儿教师的短板；缺乏专业学习动力，需要进一步加强自主学习能力，做好专业发展规划。

一、专业精神薄弱，职业认同感较低

通过前面的分析我们可以看到，当面临重新选择职业的机会时，很少有人会继续选择幼儿教师这个职业，或者并不能确定自己是否还会选择从事幼儿教育职业。有些幼儿教师从事该工作并不是出于对学前教育事业的热爱与追求，而是因为"没有其他更好的工作""工作相对稳定"。幼儿教师们认为幼儿教师工作时间长、强度高、操心多，且幼儿教师工作的社会地位不高，不能得到家长和社会的足够尊重，获得与付出不成正比，这导致幼儿教师职业倦怠程度高、流动性大、专业发展动力不足，也造成幼儿教师专业精神比较薄弱，对幼儿教师工作的认同度不高。幼儿教师的专业精神薄弱直接影响了幼儿教师专业发展的积极性和行动力。因此，有些幼儿教师才会仅仅把工作当作赖以生存的职业，对工作缺乏热情，不能拥有非凡的责任心，缺乏自我提升的内部动机。因此，当幼儿园组织培训活动时，这类教师也缺乏积极参加的动力。此外，幼儿教师专业精神作为幼儿教师专业发展的原动力，影响幼儿教师对自己职业的反思与规划。特别是民办院校，教师的流动性相对较高。"我们幼儿园的教师流动性的确要比公办幼儿园高一些，民办园教师没有编制，工作压力大，造成现在部分年轻教师刚干几年，就离开幼儿园了。所以他们可能就是干一天算一天，不会对自己的工作有长远的职业规划。这几年我们幼儿园不断给教师加强培训的同时，也不断在提高教师的工资待遇，教师的流动性降低了，稳定性相对能好一些。"

调查中，关于最需要提高的方面，"教育理念"排在了第一位（表 2-13）。在学前教育高质量发展背景下，面对学前教育的新的变化和要求，教师的角色面临大的转型，因此需要新的教育理念的指引。

表 2-13　教师认为目前最需要提高的方面(前 4 项)

选项	人数	百分比
教育理念	44	61.97%
科研反思能力	43	60.56%
观察与评价儿童的能力	41	57.75%
家园沟通能力	40	56.34%

二、专业知识结构不平衡，理论基础薄弱

通过前面的调查我们可以发现，在通识性知识、幼儿发展知识、幼儿园保育和教育知识三类知识中，幼儿教师所具有的通识性知识最为薄弱，是短板。而通识性知识中，科学知识和艺术审美知识又是其中的短板。幼儿园教育的全面性与整合性需要幼儿教师广泛学习各个领域的通识性知识并形成独到的理解和感悟，从而将知识应用于幼儿的保育教育活动之中。没有足够的专业知识储备，会使幼儿教师专业发展意识薄弱，不能有效调节各方面的压力，从而没有足够坚定的思想信念支撑自己从事幼儿教育工作。

首先，通识知识的广度不够。幼儿主要是从生活和周围环境中进行学习，他们的学习是整体学习。因此，幼儿教师需要广博的知识，才能发现教育的契机，才能引导幼儿从生活中进行学习。通过前面的调查我们可以发现，虽然幼儿教师具有一定的通识知识，但是在人文素养知识、科学文化知识、艺术欣赏知识方面还有待进一步提高，而且相关知识掌握得比较浅显，难以支持儿童的发展。

其次，关于儿童发展的知识有待提升。在调查中，幼儿教师对儿童发展知识的关注度也是比较高的。但教师所具有的幼儿发展知识存在不足，在了解儿童的个性化发展、支持不同儿童发展方面还有比较大的进步空间。在实际工作中，很多幼儿教师无法准确地分析和判断孩子的行为表现，无法有效地开展针对性的教育活动。

最后，对幼儿学习方式的相关知识理解不深。幼儿园的基本活动是游戏，主要的学习方式是"做中学"。虽然在问卷调查中，教师对自己组织游戏活动和教学活动的评价度较高，但是在访谈和观察中我们可以看到，教师缺乏对儿童学习方式的真正理解。教学活动关注记忆、背诵等浅层知识的学习，对教学活动与生活活动、游戏活动等之间的关系理解不清，认为游戏活动就是教师放手，忽视教师对儿童学习的支持。

三、专业能力有待提高，观察、沟通与科研反思能力相对较弱

观察能力是教师教学的基础，反思能力是教师教育教学的动力。通过调研可以看到，在观察能力方面，幼儿教师的观察目的不明确，不知道为何观察和观察什么，

即价值取向缺失和目标框架模糊；教师缺乏正确的观察方法，并不清楚要具体观察哪个或哪些儿童在哪些情境下的表现；教师的观察深度总体不够，经常偏向于教育事实的罗列，而没有依据一定的教育理论和假设来对观察事实做出分类和解释。在反思能力方面，幼儿教师反思意识不强，有的幼儿教师在进行了反思之后并没有采取实际行动，这实际上并没有在实践中起到反思应有的作用。因此，幼儿教师应提升观察能力，并能在观察的基础上反思自己的教育理念、教育行为，及时发现问题、改正问题。只有这样，幼儿教师才能从根本上提升专业发展水平。

科学研究是幼儿教师能力反思的重要形式。科学研究通过对教育现象进行总结探究，发现教育问题，总结教育的本质规律，进而为教育实践给予一定的建议指导。因此，幼儿教师提升科学研究能力有助于审视幼儿、反思自己的教育理念和教育行为，从而形成对教育实践的深入理解，逐步成为一个拥有良好教育思想和理念的智慧型教师。但是从调研结果中我们可以看到，教师对科学研究带有一定的畏难情绪，认为科研是属于教育专家的事情，和自己没有太大的关系。因此，幼儿教师的反思基本上是形式化的反思，主要体现在教学活动设计和期末总结中，缺乏对教育教学实践问题的深入思考。

在现状调查中，我们发现有部分幼儿教师其实比较喜欢幼儿，也热爱教育工作，但是往往对与家长的关系表现出畏难情绪从而影响自身对幼儿教师工作的投入程度。在幼儿园阶段，幼儿的年龄相对较小，家长对幼儿的关注度较高，再加上对幼儿教师工作的不理解，造成很多教师认为和家长沟通非常难。这说明，幼儿教师与家长的沟通能力有待进一步提升，教师要做好家庭教育指导工作，引导家长树立良好的教育观，理解幼儿园的教育工作规律和性质。

四、专业学习动力不足，缺乏长远的专业规划

一个能够促进儿童发展的教师要有专业信念、专业精神、专业伦理，教师专业的持续发展需要内生动力和外生动力的双重驱动。目前，相关研究表明，幼儿教师的外生动力和内生动力都有缺失。一方面，从外生动力来看，幼儿园教师待遇偏低、工作任务繁杂、琐碎；编制较少，多为合同制教师，没有编制的职工无法享受制度性特权，工作稳定性较差，缺乏财政保障。另一方面，从内生动力的角度，幼儿园教师的社会地位较低，人们只是将幼儿园教师当作照顾孩子的角色，这种现象对幼儿教师的职业认同感产生了不利的影响。从促进幼儿和谐发展的角度来讲，教师需要树立良好的教育情怀，把教育事业当作人生追求的目标。只有这样，才能促进幼儿的生命更加精彩，促进教师专业能力的提升。在对两个幼儿园教师的专业发展调查中我们可以看到，有一些教师把自己的角色定位为按部就班工作的流水线工人，工作中缺乏热情和创造力。此外，民办幼儿园的教师整体更加年轻化，没有编制，流动性更强。因此，教师们对自己的职业缺乏长远的规划，工作只是谋生的手段，缺乏工作热

情,难以树立非凡的责任心。

另外,在研究中我们也发现,不同学历、职称、年龄、教龄、专业背景的教师在专业发展方面具有一定的差异性。本科学历幼儿教师的游戏活动的支持与引导能力、活动的设计与实施能力显著高于大专和中专以下学历的幼儿教师。在专业能力上,高级职称和一级职称幼儿教师的专业能力显著高于二级和未评定职称的教师。26～35 岁、36～45 岁幼儿教师的激励与评价能力显著高于 25 岁以下和 45 岁以上的幼儿教师。学前教育专业毕业的教师专业能力显著高于其他专业的幼儿教师。

第三节　幼儿教师专业发展的影响因素分析

一、幼儿教师职前教育的影响

（一）学历层次的影响

学历层次直接关系着教育质量。近年来，受高校扩招、幼儿园教师的社会地位和收入水平较低以及幼儿园教师的职业压力较大等因素的影响，师范院校的录取分数并不高，一些学生选择学前教育专业只是迫于无奈。在幼儿教师的学历调查中我们发现，虽然有一半教师填写的是本科及以上学历，但是第一学历是本科的较少。民办幼儿园教师的第一学历基本是中职和高职，教育素养比较缺乏。在与幼儿园领导层的访谈中，幼儿园的园长们普遍反映，"本科院校的生源质量要高于高职与中职院校，这类学生的接受能力比较高，教育理念比较先进，非常受幼儿园的欢迎，但是往往很难留下来。如果干上几年后，这些教师发现幼儿园不能实现自己的人生价值，转行的就居多"。同时，目前幼儿教师队伍中，还有一定数量的师范类其他专业教师和非师范类专业教师。这些教师到了幼儿园后，才开始对幼儿园的教育教学规律进行熟悉，因此其教育理论素养明显不足，在支持幼儿发展方面就会出现一定的瓶颈。因此，教师的专业发展要提升教师的学历层次，促进教师的学历提升。

（二）课程体系设置的影响

学前教育是实践性很强的专业，除了对教师的职业技能和弹、说、舞、唱、画等艺术教育能力有较高的要求，更需要教育者采用符合幼儿身心发展特点的独特方法，将广博的知识创造性地融入幼儿所喜欢的活动中，在活动中引导幼儿观察、感受、操作和体验，进而形成一定的概念和经验。目前，实践教学重单一技能练习，轻专业能力培养；重外显知识获得，轻内隐理念渗透。这使教师进入实践教学后，既缺乏专业的精神，也缺乏从长远的角度促进儿童发展的能力。因此，在幼儿园，我们经常发现有些幼儿教师虽能歌善舞、能写会画，但是他们的教育技能及素养缺乏，难以发现幼儿的需求，不能针对幼儿的不同特点给予及时的支持。这也反映了目前师范院校开设的课程中，浅层次的教学内容多，教学活动机械、零碎、缺乏系统性和目的性，幼儿教师很大程度上只是"技能的表演者"或"儿童的养护者"，而不是专业的教育者。

(三) 实践教学环节的影响

目前的实践教学虽然不断受到各高校的重视,但仍然缺乏系统性。目前,大多数高校都比较重视实践教学,很多课程都安排了实践环节,并且有集中的教育见习、研习与实习等,同时延长教育实习的时间为一学期。但是在实际教育教学中,实践教学的体系化与层次性比较缺乏,实践教学与理论教学之间没有进行有机整合,造成有些毕业生到了幼儿园一线后,就忘记了对教育教学理论进行反思,难以发现教育问题并进行理论分析,而且完全复制一线教师的教学经验,缺乏从实践中对理论进行反思和提升。因此,在实践教学这方面,需要进一步促进幼儿教师职前教育的协同发展,建立教师共同体,共同促进职前教育中教育理论与教育实践的融合。

二、幼儿园层面的影响

(一) 幼儿园管理文化的影响

幼儿园的管理文化具有潜移默化的影响力量,能够营造幼儿园不同的氛围,影响着教师的专业发展。宽松、积极的幼儿园管理文化,能够增强教师的归属感、使命感和责任感,加强教师团队的凝聚力和内聚力,促进幼儿园价值观的形成,从而促进教师不断学习和进步,形成幼儿园独特的教师文化。而如果在管理中,幼儿园的管理层漠视教师的发展问题,缺乏对教师的鼓励和支持,那么教师在工作中就会缺乏动力,他们只会干分内的事情和不得不做的事情,而不会树立非凡的热情去积极做某一件事情。如此一来,教师就会失去对工作的热情,缺乏对儿童的关注,也不会主动花费多的时间和精力进行教育教学工作,而更多地是以一种"自然成熟"的方式进行。在这种工作状态下,教师就会失去自我价值展现的动力,缺乏成就感,就会觉得工作比较枯燥单调。如果心理问题长期得不到疏导,就会引发教师的消极情绪,从而影响个人的进步和成长,使教师专业发展停滞不前。

目前,有一些幼儿园在管理过程中,为了赢得更多的生源,着重强调教师对待儿童的态度和行为,却缺乏对教师的关注。"我们幼儿园非常关注家长对幼儿园的反馈,家长说什么都是对的,就是要我们一味地迎合家长。一旦有家长向幼儿园反馈对教师不满,幼儿园都会认为是老师的问题,这让我们的工作感觉难以有尊严和成就感。"在这类幼儿园中,教师往往工作热情不高,缺乏成就感,这会影响教师的专业发展。

在访谈中,有一些教师表示,当幼儿园领导对自己的想法比较肯定并鼓励自己参加各类活动时,自己会有更多的动力进行学习,从而让自己成长得更快。"我毕业后来到这个幼儿园,领导给了我很多上手的机会,鼓励我参加区和市的教学技能比赛。在这些过程中,我觉得自己成长得特别快,专业知识和能力都得到了提升。""我们幼儿园的领导非常关注教师的成长,我们每周的教研氛围也很轻松,教师们能够畅所欲言。老师们的想法能经常得到其他老师们的认可,所以近几年,我们老师们的成长速度也很快。"

通过教师的反馈,我们可以看到,教师的专业发展和幼儿园的管理文化是紧密相关的。

(二)幼儿园的性质与地域特征的影响

通过对民办幼儿园和公办幼儿园的教师代表进行访谈我们发现,公办幼儿园的教师对职业的认可与对未来的长远规划要优于民办幼儿园的教师。公办幼儿园的办园资金主要来源于国家的财政性教育经费,这很好地保障了公办幼儿园的正常运转。而民办幼儿园不能享受和公办幼儿园同样的地位和待遇,因此无论在硬件设施,如园所场地、环境上,还是在软件设施,如教学资源、专业指导上,民办幼儿园都缺乏有效的支持。这也导致公办幼儿园教师与民办幼儿园教师在待遇与处境上不一样。在教育部门组织的各类幼儿园教师学习活动中,公办幼儿园教师很容易获得更多的机会,而民办幼儿园教师要么被"拒之门外",要么被人数、时间所限制。通过对两类幼儿园的对比我们可以看到,公办幼儿园来自政府的培训比较多,民办幼儿园则更多地是以自己幼儿园内部邀请专家指导的形式对幼儿教师进行培训。这些方面就会导致不同性质幼儿园的教师对职业的认可度不一样。比如,B园个别教师会提到,自己不一定要长期干这个工作,如果有可能,自己会考虑换工作。因此,民办幼儿园管理层面临的最大问题就是教师队伍的稳定问题。当然,民办幼儿园有一些教师也具有不断学习发展的渴求,但是各方面的资源相对较少。"我们有时候也非常期待更有针对性、更契合我们发展现状的学习机会,但是民办幼儿园的学习机会较少,学习都要靠自己摸索。所以,民办幼儿园教师的两极分化情况也比较明显,有的教师非常认真努力学习,有的教师就得过且过。""我们幼儿园属于民办园,因此我们很难有机会外出学习其他地方先进的教育理念。"另外,教师队伍的稳定性是提高幼儿园教育质量的一个重要环节,可以为保障幼儿园教师专业发展的提升奠定基础。通过对两类幼儿园的对比可以发现,民办幼儿园教师的流动性相对公办幼儿园比较大,一部分毕业生将民办幼儿园的工作当成考教编期间的跳板,视其为临时的安身之所,一旦考上编制,幼儿园教师就会立刻离职。B幼儿园园长提道:"我们幼儿园的一个困境就是年轻的老师流动性很大,刚毕业、学历高点的,人家考上编就走了,我们幼儿园培养了很多的优秀教师,但是难以留下来。"因此,民办幼儿园的教师队伍整体年龄更加年轻化。个别新手教师刚刚进入实践工作岗位,还处于幼儿园工作和学习的探索期。大部分新手教师缺乏教育教学实践经验,很难控制活动中的状况,因而其工作积极性在一定程度上受到了影响。这也导致部分民办幼儿园教师失去了专业发展的动力,觉得自身的价值很难实现,从而在一定程度上造成了民办幼儿园教师专业化发展水平不高的现象。

除了幼儿园性质的影响,幼儿园所处的地区对幼儿教师的专业发展影响也很大。经过国家多年的乡村振兴计划,我国农村地区幼儿园的教师队伍有了很大的改善,整体教育教学水平有了比较大的提高,但是城乡教育仍然存在一定的差异性。整体上而言,城区的教师专业发展水平要高于城镇的幼儿教师,而城镇的幼儿教师专业发展水平又高于乡村地区的幼儿教师。特别是乡村地区的幼儿园教师缺乏专业教研人员的指导,幼儿教师的教育理论素养一直很难提升。目前,有一些地区建立协作教研区,通过城乡交流、片区教研,促进了幼儿教师之间保教理念、知识、技能的交流,促进了城镇和乡村地区幼儿教师的环境创设能力、游戏组织能力、活动设计与实施能力等的提升。

(三) 幼儿园课程开发与实施的影响

园本课程的引入为幼儿教师的专业发展提供了机遇。幼儿园园本课程建设,离不开课程专家的引领与指导,更离不开幼儿教师的积极参与和主动作为。对此,幼儿教师也会面临新的挑战。在课程开发与实践过程中,教师已有的经验会与知识发生冲撞,从而使得教师对自身知识结构进行重新组合。在这一过程中,教师的理念、知识和能力也会发生一系列变化。园本课程开发为他们的专业发展提供了很好的机会。通过访谈教师们对园本课程的认识,我们明显地发现教师们的教育观念不断转变。"通过园本课程不断的研讨,我最大的感悟就是,我现在学会了关注儿童的需求,不再依赖于教材。""刚开始做园本课程的时候,我觉得没有头绪,但是通过不断的教研活动的开展,我现在思路一下打开了。园本课程其实就是要调动我们教师的积极性,不断激发教师自己的想法和创意。其实理解园本课程之后,我反而觉得比以前按照教材来授课要好很多。"

在调查中我们也发现,在有的幼儿园课程实施中,教师对教材的依赖度仍然比较高,有的幼儿园把园本课程当作补充,让教师们在正常的教育教学之外,开发幼儿园的园本课程,这反而让教师感到迷茫。

所以在幼儿园层面,思考如何开发实施适宜的园本课程,是引领幼儿教师专业发展的重要途径之一。

三、幼儿教师在职培训质量的影响

(一) 培训内容与实践衔接性的影响

目前,针对幼儿园教师的培训项目比较多。从纵向来看,国家层面有幼儿园教师国培计划项目,各省、市、县的基础教育教师培训中也有幼儿园教师的培训项目;从横向来看,除了教育行政部门组织的培训项目外,还有不少教研机构、高等学校、教师培训中心等的培训。通过对幼儿教师进行访谈可以发现，大部分幼儿园教师对在职培训本身是比较认可的。"我觉得培训还是比较重要的，目前教育理念的变化比较快，通过不断的在职学习，可以不断充实自己。""在职培训本身是比较好的，但是很多培训比较高大上，往往我们掌握了理论，却不知道如何操作，很期待培训专家能帮助我们答疑解惑，提出更有实践性的建议。"通过访谈我们可以看到，教师们对培训本身是认可的，但是她们更期待实践性指向更强的培训。而现实中的部分培训由于缺乏统筹设计，导致教师所接受的培训多理论少实践，并且内容比较碎片化，缺乏系统性衔接，因此教师就难以通过培训弥补自身专业素养的不足。这样的培训也就无法真正促进幼儿园教师的专业成长和发展，难以实现培训的价值。

（二）培训课程与教师需求对接度的影响

当前，幼儿园类型多样，幼儿园教师队伍的结构非常复杂，幼儿园教师的身份、教龄、专业背景、学历层次等的差异性非常大，不同幼儿园教师对培训的需求也不相同。因此，幼儿园教师的培训需要结合幼儿园教师的需求，开展个性化的指导。当前大部分培训主要是培训机构设计的，缺乏对培训教师需求的了解，导致当前幼儿园教师培训课程缺乏针对性，从而造成培训内容与实践脱节的问题，往往让培训流于形式。"其实有机会参加培训还是很开心的，但是往往遇到的情况是，培训的内容是我所知道的，我比较困惑的问题仍然没有得到解答"。"我也知道专家们讲的是对的，可是我们幼儿园有自己的特殊情况，教师们面临的问题有很多。比如说，我们也知道放手，让儿童自主游戏，但是安全问题我们如何应对，儿童稍微磕了碰了，家长就会找到我们幼儿园，我们还得给家长赔礼道歉。所以，其实很想听专家讲如何平衡这种关系。但是一般的培训中，更细节的东西就没有了。"这种心声是我们在幼儿园一线访谈中经常会听到的声音，可见幼儿园的一线教师期望能有更加针对性的培训来解决自己在教育实践中的困惑。如果培训能够契合教师的需求，就能够激发教师学习的主动性与积极性。但如果培训过程缺乏对培训教师需求的关注、针对性不强，那么教师就会失去学习的兴趣，专业发展就会比较缓慢。

（三）培训形式与培训效果契合度的影响

培训形式是影响教师培训效果的重要因素。目前的幼儿园教师很多是参加阶段性的培训班，其中主要以集中培训为主，教师主要以听课的形式进行学习，教师本身的参与度较低。各个阶段的培训内容之间缺乏相关性，集中授课的人员主要是高等院校专家和研究机构的人员，主要进行的是理论培训。虽然教师们也认为理论的深化正是自己需要发展的方面，但是短时期的集中授课培训缺乏与实践的关联性，让教师们缺乏直接的感知体验，她们的教育理念就难以得到优化。为了解决传统培训形式的弊端，目前也有一些新的培训形式涌现出来，如园所交流、观摩学习、跟岗实践等方式开始得到运用,但是总体上看,培训中的实践性环节依然不够,从而导致培训效果不佳。

四、幼儿教师自身因素的影响

(一) 教师年龄与教龄的影响

通过对不同年龄和教龄的老师进行访谈我们发现,在工作的投入度方面,25~35岁教师的工作热情相对较高,工作经验比较丰富;25岁以下的教师有一定的工作热情,但工作的经验相对不足;35~45岁的教师积累了相当丰富的教学经验,在教育教学上有了自己的一套独特方法,但往往也会因家庭方面的压力较大(如照顾孩子、老人等)而影响对工作的投入度,与此同时,这个阶段的教师对领导的关怀、工作的回报、工作背景的要求都相对较高;45岁以上教师呈现出较明显的两极分化现象,有的教师阅历丰富,洞察力强,对人对事都有自己独特的看法和见解,也敢于表达自己的思想和观点,能够对儿童有多方面的了解,与家长沟通等方面的能力较强,能够得到家长的信服。但是也有教师在这一阶段思维比较僵化,教育教学活动的传统形式比较明显。在教龄方面,教龄为7~9年的幼儿教师工作的疲惫感更强。"作为教师,又是女性,既要做好工作,又要兼顾家里,每天忙忙碌碌,觉得自己特别累。"当教师成为流水线上的工人的时候,她们工作的成就感就会降低,缺少了和这份职业的深度连接,也没办法体会这份职业的特殊魅力。

(二) 教师学历与职称的影响

在调查中我们发现,本科学历的教师在教育信念、专业知识和专业能力方面的整体发展比大专和中职的教师好,这一点也得到了幼儿园领导们的认可。"学历水平高的老师责任心强,对教育知识的领悟力高,对新知识、新理念的吸收也比较快。从幼儿的角度来看,她们更能理解幼儿的需求,更能发现不同幼儿的差异性,并给予幼儿一定的支持。一些高职和中职的学生,虽然技能技巧比较好,比如幼儿园有大型活动,她们参与性比较好,但这些老师缺乏对教育的深入思考,工作方式比较机械化,喜欢凭借经验来做事情。她们比较关注幼儿生活卫生习惯、生活常规等方面的发展,但是在幼儿园课程开发、关注儿童的个性化发展方面就略显不足。"另外,在调查中我们也可以看到,在公办幼儿园,不同职称的教师对待工作的态度和对教育教学的思考是不同的。职称高的教师,教育教学工作经历比较丰富,对工作有着独立的思考,更能投入精力进行学习。在民办幼儿园,教师缺乏职称晋升的渠道,这比较打击教师工作的积极性。"如果民办幼儿园的职称晋升渠道比较通畅,那么教师的流失就会减少,也能激发教师投入工作的热情。"

（三）教师的个人努力与性格特征的影响

幼儿园肩负着保育和教育的双重任务，幼儿教师的工作比较琐碎、繁杂，工作强度比较大，不同家长对幼儿园工作的要求也是千差万别，这些都造成了幼儿教师日常工作饱和甚至超负荷，影响了教师整体的专业发展。但是在访谈中，我们仍能发现一些对幼儿园教育教学工作特别投入并有自己想法的教师。与两个幼儿园的保教主任和教研组长沟通时她们也谈到，优秀教师的成长离不开个人的努力，她们在学科知识的学习与教学技能的提升方面付出了更多的时间和精力，这是优秀教师能够不断进步的主要原因。B园的C老师工作3年后，就被任命为幼儿园的保教干事。在和幼儿园园长的沟通中，她们提道："C老师在工作中非常投入，喜欢孩子，还非常有自己的想法，经常针对班上幼儿的各种情况主动与其他老师进行交流。在幼儿园课程开发方面，C老师当主班老师的时候，能够关注儿童不同的兴趣与需求，经常带领幼儿在体验中进行深度学习，这也得到了家长们的高度认可。我们幼儿园也是希望老师们在教育理念方面能有更高的提升，就把C老师提到保教干事这个位置，以带动幼儿园整体教研活动质量的提高。"另外，我们也可以看到，优秀的教师往往具有自律、善于思考、勤奋好学、积极进取等特征，往往情绪比较稳定，即使遇到特殊情况，也能及时处理，并且在与儿童、家长、同事的相处过程中，能够具有人文关怀，关注对方的想法。"A1老师的班上有一个幼儿不太会与他人进行交往，遇到事情喜欢大吼大叫。A1老师面对这样的孩子非常有耐心，她不断观察孩子在幼儿园的各种变化，经常主动和孩子的父母进行沟通，并且班上的氛围非常好，其他孩子都愿意主动和这个孩子进行交往。"所以教师的专业发展，是需要教师把智慧、情感、精力投入其中的。

五、幼儿教师社会地位的影响

幼儿教师的社会地位是指幼儿教师职业在整个社会职业体系中所处的位置，它关系到幼儿教师队伍的稳定、幼儿教师素质的提高、幼儿园教育教学质量的提高等一系列重要问题。一般说来，社会对某一职业专业化程度的认可程度越高，相应地，该职业的社会地位就会越高，其从业人员的质量、相应的物质条件等也越容易得到改善。目前，幼儿教师的经济地位、职业声望等各方面都比以前有了很大的提高，但幼儿教师整体的社会地位普遍偏低，这影响了幼儿教师积极性的发挥和对自己工作本身的认可，不利于教师队伍的稳定和教育质量的提高。幼儿园的园长和教师都谈到，虽然目前幼儿园教师的地位有了提高，但仍有许多家长将孩子送到幼儿园只求孩子吃饱、睡好、不生病，要求老师把孩子照顾得无微不至。有的家长经常质疑幼儿园教师的教育教学活动，无法对教师的教育教学充满信任，导致幼儿教师职业的吸引力和教师队伍的稳定性一直处于较低水平，影响了教师对职业未来发展的信心。

第四章

幼儿教师专业发展的取向

第一节 幼儿教师专业发展的理智取向

一、理智取向下的教师发展观

理智取向的教师专业发展理论出现时间最早、持续时间最长、影响相对最大。理智取向的教师专业发展理论主张公共教育质量的高低取决于教师水平的高低,而教师水平的高低则体现在其专业化程度的高低上,为了确保教育的质量,必须提高教师的专业水准。"其核心观点是教师的专业发展是教师知识的增长与能力的提升,因此对专业知识和专业能力的密切关注和高度重视是理智取向的共同特点。"[①]教师只有掌握了足够扎实的知识,才可以有足够的资格和能力给学生传递科学文化知识。另外,为了能更好地传递知识,教师还必须掌握传递知识的技能技巧。只有熟悉了传递知识的过程与技能,知识才能从教师这里传递给学生。因此,理智取向的教师发展观认为,教师专业发展的前提是确保教师具备坚实的知识基础,掌握教学的一般技能,进而培养教学专长,促进学生发展。当然,为了保证教师能够按照规范进行操作,教师要"按照专业的标准行事,遵守外界订立的专业行规,接受专家的临床指导和考核评价"[②]。

首先,理智取向教师专业发展理论强调教师行业的专门性与独特性,主张教育理论与技能应该如同医生、律师等的知识,具有不可替代性。教师的教学具有理智性,并不是传统经验的总结,而是具有更强的科学性与理论性。专门的知识与技能使教师摆脱传统的"非专业"形象,提升了教师的专业化水平,提升教师在整个社会职业中的地位,为教师赢得更多的社会尊重。

其次,理智取向教师专业发展理论认为教育理论具有普适性,主张不断探寻有效教学的知识基础,发掘教学的一般规律。在这种观念指导下,教师只是一名合理运用"科学技术知识"的技术人员,只要通过外在的经验学习和行为训练,就可以实现教学行为的改善和教学效能的提高。教师追寻的是快捷有效的教学方法、手段和组织形式,期望可以找到适应一切教学情境的普遍规则或规律。并且教师相信,只要掌握了普遍的规则和规律并能熟练运用它们,便足以应对复杂万变的教育活动。其中,掌握专业知识和技能最方便快捷的途径就是接受教育学术专家的引领和教师教育机构的培训。这一过程中,师范教育是最为明显的方式。师范教育可以强化教

---

① 刘军豪. 幼儿园教师专业发展理论取向的分立与融合[J]. 基础教育研究,2019(21):29-31.
② 叶澜,白益民,王枬,等. 教师角色与教师发展新探[M]. 北京:教育科学出版社,2001.

师的专业信念和敬业精神,建构教师专业所需要的知识体系,并通过加强教育理论与实践的联系促进教师专业能力的提升。

最后,理智取向教师专业发展理论强调教学过程的程序化和高效性。在理智取向视角下,教师需要不断掌握多种教学策略,遵循一定的教学模式,按照相应的教学环节设计,有计划地开展教育教学活动。理智取向教师专业发展也主张追求高效的教学。"高效的教学便意味着教师必须培养娴熟的教学技能,更好地管理和控制课堂,并针对学生的行为反应作出调整,使课堂教学按计划有秩序地进行,乃至达到自动化的程度,以便能在同等的时间内完成更多的作业量。"①由于教学情境具有复杂性和多变性,这种高效化的要求往往也会导致教师们很难将在学校中所学到的理论应用到自己的实践中,其结果是大多数教师在实践中都是模仿以前的教师,缺乏在教育中渗透自己的理念与思考的意识与能力。

二、理智取向下的幼儿教师培养

(一)明确幼儿教师所需要的专业知识和技能

在理智取向视角下,提高教师专业水平的关键,是明确教师具备的专业知识和技能,使教师拥有更为坚实的理智基础。为了提高教育质量,教师专业发展的目标被认为应该由统一的教师专业标准来体现。如,2012年的《幼儿园教师专业标准(试行)》对教师的专业知识和专业能力进行了不同维度的界定,就是受理智取向的影响。根据教师群体的要求,确定幼儿教师专业知识和专业能力等方面的标准,明确教师所需掌握的专业知识与技能,这为教师的专业发展确定了基本方向,避免了教师在专业化过程中比较盲目的状态。因此,在一定程度上,理智取向教师专业发展的过程也可以理解为教师朝着专业标准不断靠近乃至达成的过程。

(二)突出教师教育机构的主导作用和专家引领

理智取向教师专业发展一向主张以各类教师教育机构为主体,对教师进行全面、系统、有计划的培训。在理智取向的观念中,专业知识是客观的,教师需要掌握足够的客观知识才可以促进教育教学过程更好开展。教师要更好地掌握这些客观知识,就必须进行系统的理论学习和专门训练,而最好的形式就是在专门教育机构进行专门的培训。职前培训就比较关注教师知识的学习与技能的训练,特别是教学方法与教学程序的训练;职后教育比较关注教师教育者和专家的引领作用,他们利用讲授的方式,把新思想、新观念、新知识等传递给教师,教师进行接收并理解。但这种方式忽视了教师的个性化特征。因为每位教师都在真实的、鲜活的、个性化的

---

① 靳玉乐,王磊.理智取向教师专业发展的理念与策略[J].教师教育学报,2014,1(6):24-31.

实践中积累了大量经验，单向度的培训缺乏培训者与教师之间的沟通与交流，无法体现教师的参与性，无法满足其需求，从而影响教师参与培训的兴趣与积极性，造成培训效果不佳的结果。近几年，我国开始对师范教育和教师在职培训进行一定的改革，如：通过提升教师教育机构的层次，将中等师范学校升级为高等师范学院乃至综合性大学的教育学院；优化教师教育课程设置，增设实践性课程；注重加强与中小学的合作关系，不断增强教育机构教育教学工作的科学性，以对教师产生更深远的影响。

（三）关注对幼儿教师的教学技能训练

理智取向的教师发展以追求普遍规则或规律为目的，认为教师掌握并能熟练运用这些规则，便能促进教师的发展。因此，教师培养关注"放之四海而皆准"的程序化、实用化的操作性知识和技能，倾向于传授具体的教学方法、教学模式，以普遍的规则去应对多变的教育教学情境。在这种人才培养倾向下，幼儿教师的培养比较关注教师的职业技能和弹、说、舞、唱、画等技能的提高，通过简化教学情景，将复杂的教学过程分解为具体、单一的教学技能，并对每一项技能提出训练目标，并通过不断的反馈，加强对教师教学技能的训练。

三、理智取向下的教师发展观反思

理智取向教师专业发展理论的积极意义在于在强调"学高为师"的同时，强调了教师的"教育性"，改变了传统认为只要掌握了足够的知识就可以当老师的观念，强调了教师只有具备了一定的资格与能力，掌握了一定的教育技能和方法，才有当教师的资格，突出了教师的专业性，为教师的持续发展奠定了一定的基础。在今天的教师教育中，掌握教师教育知识和技能，仍然是成为教师不可或缺的一部分。从教师专业发展的角度来说，专业知识与技能是专业发展的基础，没有足够的专业知识与技能作为支撑，教师的专业发展就是空中楼阁，缺乏一定的根基。

理智取向教师专业发展理论的不足之处在于，内容上过于注重专业知识与技能而忽视教师的专业情意、态度和信念对专业发展的影响，教师失去了个性特征和独有的教育精神，知识背后包含的意义和价值被隐去。教师培养过程强调教学的统一性和标准化，以"授—受"为主的教学手段成为比较明显的特征，忽视了教师发展的层次性和个性化特征，同时教师的学习成为一种被动化的学习，其学习的主动性在此过程中并没有体现出来，没有实现教师自身的完善和启迪教师的智慧。教学被看作是一个知识传授系统，可以技术性地操作和控制；教师只是一名合理运用"科学技术知识"的技术人员，只要通过外在的经验学习和行为训练，就可以达到教学行为的改善和教学效能的提高。教师培养主要关注两个方面：一是对未来教师进行大量的理论知识传递，二是对教师进行技术性训练，认为教育实践就是应用教育知识和技能解决问题。在这个过程中,无论是理论的传递与学习,还是大量的技能训练,都没有脱离教育的模式化和程序化。程序化、实用化的操作性知识和技能,缺乏对实践的真实感知,缺乏教育的情感、意向和热情,并使其在教育的过程中逐渐失去了独特的个性、健康的人格、崇高的信仰以及丰富的情感体验。在这种反思下,实践—反思取向下的教师发展观被提了出来。

第二节 幼儿教师专业发展的实践—反思取向

一、实践—反思取向下的教师发展观

实践—反思取向的教育观认为教育活动是充满动态性和复杂性的,实践性是教育的本质所在。教育是根植于生活的教育,是与实践紧密结合的教育,即便周密地制订了各种计划,确定了某种情境发生的必然性,依然无法对教育实践中可能出现的所有情境或条件加以预测。相反,在真正的教育实践中,教育教学活动的实施和教育方案是有所偏离的,儿童的经验准备及问题回答、教师的思想触动都会随时改变原有的情境。知识的传递、思想的碰撞、情感的熏陶、兴趣的激发、能力的提高、灵感的迸发这些是不可能完全预设的。如果一切都按教师的计划进行,就像演员根据导演的意图进行表演,那么预设的教育教学目标就会限制教育过程的展开,结果只能是削足适履,适得其反。因此,教师的教育教学实践既不是线性的知识、技能的积累,也不是把被灌输的客观的理论知识直接运用于教育实践的过程,而是教师将知识与经验融合在教育情境中,在解决复杂的真实的教育实践问题中发展起来的实践智慧。

在实践—反思取向下,实践智慧是教师专业发展的核心。实践智慧指在复杂的实践情境中运用知识、智力、技术和工具,分析、判断和创造性地解决实际问题的能力[1]。实践智慧强调教师基于情境的发展,在教育教学中展现自己的教育教学风格及特征。教育存在于教育实践之中,存在于真实的教育情境之中,教师的教育行为在复杂的教育实践中展开,同时又解决复杂的教育实践中的问题,因此,对理论、原则、策略的简单复制或移植以及对方法和技术的训练都不能应对复杂的实践情景。相反,教育实践不仅需要教师具有一定的专业知识和专业技能,同时还需要教师具有人文素养、教育信念与情感等,以使教师在实践活动中不断地理解、追求和实现教育的意义。因此,实践智慧是教师对教育教学的深刻感悟,是教师在对复杂的教育教学情境进行观察与反思的基础上形成的教育思索。与理智取向关注知识与技能相比,实践—反思取向下的教师更关注知识背后的价值和意义。教师在对实践进行反思的过程中,不断对自己的教育教学过程进行"反思—归纳—总结—实践",从而实现对教育教学过程的深刻理解、对儿童的进一步了解,同时,这一过程也促进了教师的自我超越,促进教师通过反思获取实践性知识,凝聚实践智慧,并引导幼儿走向

---

[1] 王军.论作为专业教育的教师教育:内涵、特征与路径[J].教师教育研究,2019,31(4):7-15.

精彩人生。

需要注意的是,实践—反思取向并不是要"把实践变成缺乏理论和学术素养的简单操作"。实践取向的教师教育既不认同理论能够直接指导实践,也不认同按照"技术学的形式"来构建培养模式。它不排斥既有理论的价值,并不是要走向理论知识的对立面,盲目地在教育情境中进行实践,而是承认教育的一般性和规律性,但是要求教育实践者放弃"生搬硬套"理论,将教育的丰富性融入其中。相反,如果缺乏理论的分析和支撑,在教育情境中发生的问题及思考以及由反思而生成的经验或新的行为就会显得表面化与感性化。因此,教育理论的学习和掌握可以开阔教师的视野,促使教师不断自我反思,纠正工作中的盲目和失误,形成正确的教育理念,从而使教育实践以及对实践的反思能建立在科学建构的基础上,为有效和有深度的反思以及积累实践性知识、发展实践性智慧奠定基础。

二、实践—反思取向下的幼儿教师培养

实践—反思取向的教育观认为教师的发展与培养既需要共性的教育原理、规则和规范,需要遵循"理论的逻辑",也需要具体的、个性化的对教育情境的理解和认识,因此既要改变单纯传递知识的倾向,也要改变将实践技术化的倾向。

(一)强调幼儿教师的实践体验

教育理论是对教育现象和教育规律进行解释和判断的知识系统或观念系统,强调的是科学性、普遍性、逻辑性。教育理论能够在理论形态和思维深处为教育实践澄清一些认识的基本问题,为教育实践提供有力的支持。实践取向的教师培养不仅要有先进理论的滋养,更要改变传统静态的学习方式,转向生动鲜活的教育实践,使学生结合鲜活的教育教学情境,在体验中完成对所学知识的意义建构。这就要求教师教育关注教育现实,注重教育的实践性,通过各种方式和方法呈现真实的教育教学情境,使未来的教师在分析、思考和解决教育问题的过程中进一步理解并建构教育教学的理论,使教学内容和教学过程更加丰富和生动。为此,教师教育的理论课程与教育实践应该互相融合,以使教师在理解中实践,在实践中反思。随着教学实践知识的不断积累,教师逐步建构出一套属于自己的教育理论,养成独特的实践智慧,不但使教学逐渐成为自己生命的一部分,而且使其由技术转变为艺术。目前,在幼儿教师的职前培养中,"现场见习、短期实习、顶岗实习"的实践实训模式就是这种取向下的实践形式。

(二)强调幼儿教师的实践反思

实践—反思取向的教师培养不是理论的合理应用和技术的简单操作,而是伴随着思维和判断的过程,是一种具有反思性、包容性、体验性和生成性的活动。由于教

育实践情境具有复杂性和丰富性,教育理论不可能包容教育实践中的所有情境,教师需要在纷繁复杂的情境中体验、感悟、反思教育理论,对教育理论进行不断的修正和建构,再把经过反省和升华的教育经验纳入自己的认知体系,进而建构实践性知识和形成实践性智慧。这是一个开放式的、螺旋式的理论建构过程。因此,实践—反思取向的幼儿教师培养注重构建"教师的实践智慧",以使教师拥有丰富的知识及教育教学经验与能力,还不断更新教育理念和强调反思精神,使教师成为具有丰富情感和思想的人,能够在教育教学中融入自己对教育、儿童、自身角色的理解,对教育教学情境进行专业的思考和决策,在实践中反思、为实践而反思,从而形成自我的实践智慧。

通过以上分析我们可以看到,实践—反思取向的教师教育并不是培养"技术熟练者",实践并不意味着强化教师低层次的认知技能,单纯为教师提供操作的技能技术和规则,相反,教育的复杂性和丰富性以及教育的使命要求教师是具有独特个性和丰富智慧的人,这将是实践—反思取向的教师教育的思考所在。

三、实践—反思取向下的教师观反思

实践—反思取向的教师专业发展注重教育实践和教师的主动学习与反思,关注教师专业发展过程中的内在激发,将教师专业发展形式由外围培训中被动发展带向内在激发的主动发展,不光强调教师专业知识与技能的获得,更关注教师的教育精神和对教育工作的热情程度与投入度,将教师专业发展的重心由外在的专业知识习得和专业能力提升转向教师个体的自我成长与自我发展。实践—反思取向下的教师发展不再致力于寻求教师专业普遍的知识基础和能力结构,而更多地强调教师作为一个"人"的完整性和作为一个独立个体的丰富性,体现了对教师个性特征的关注。教师专业发展不再是"接受"所谓的"专业知识",而是基于实践、反思更清晰地理解自我、发展自我,最终实现专业发展。实践反思取向注重积极实践,强调教师的内在反省和主动探究性,对教师本身素养的要求比较高。目前,幼儿园教师专业基础比较薄弱、劳动强度大,缺乏良好的外部环境支持,因此,教师专业发展的主动意识不强,他们的实践探索往往停留在方法复制与经验提升方面,缺乏对教育教学活动的深入思考。

第三节　幼儿教师专业发展的生态取向

一、生态取向下的教师发展观

与理智取向与实践—反思取向不同,生态取向从宏观的生态角度出发,重视"价值观""文化""氛围"对教师发展的积极影响。教师的专业发展不是学习某些学科知识或教育知识,也不仅是个别教师的"反思",而是建构一种合作的教师文化,从而促进教师的共同发展。常用术语不再是"知识""能力""实践"等,而是"环境""合作""教师文化"等。生态取向的教师发展观不仅关注教师个体,教师持续的自主学习、实践与反思,以及提升教师的生命价值,还会强调教师与不同主体间的合作与交流,关注家庭和幼儿园环境、社区环境、地方的经济和文化等环境与教师之间的交互关系,重视教师在工作和生活之间的角色转换。可以说,生态取向下的教师发展观将教师视为教育生态系统内的鲜活个体,重视教师的个体发展,强调教师与教育生态系统的关系,主张通过良好环境的构建促进教师的专业发展。

第一,构建合作的教师文化是教师专业发展的理想方式。生态取向下的教师发展着重强调"共生"与"合作",教师发展既是教师个体的成长,也是教师与教育生态系统内各主体相互学习、相互促进、相互作用的共同成长。因此,生态取向下的教师发展鼓励教师以合作团队的形式进行共同学习和发展,形成教师群体内自然和谐的合作文化氛围。在这个教师团队内,教师获得了身份的认同,并有了理论的支持,通过彼此的自由交流、协作及共享实现专业发展。

第二,良好的外部生态环境是教师专业发展的有力支持。生态取向下的教师发展提倡营造适合教师自主、自觉发展的良性教育生态环境,将教师个体成长放在幼儿园文化的整体环境中,强调良性的园所文化对教师的发展价值。

第三,教师自身对教育事业的热爱和对自我价值实现的需求是教师专业发展的动力。生态取向下的教师发展观强调教师在面对教育困境时,能够摆脱固化知识和技术能力的束缚,真正从生命的本真、教育的真谛出发,思考自身的教育行为,使教育活动更富有生机与人性。因此,生态取向下的教师发展观强调教师是生命的主体,关注教师专业热诚、专业承诺、专业使命的培育,并通过教育理念的践行和教育情怀的培育,促进教师心灵的成长和精神的解放。教师作为教育发展的主体,应紧随时代发展步伐,树立终身学习与合作学习的发展理念,在不断提高自身知识水平与能力的同时,使自己成为个人发展与职业成长的决策者、研究者与促进者。

二、生态取向下的幼儿教师培养

（一）营造良好的幼儿园文化氛围

一方面，营造和谐的组织文化氛围，关注教师的主体价值。不同的教师有不同的成就感、教学能力倾向、教学方式、兴趣爱好及生活经验。教育的使命是促进每一个个体的发展，让每个个体都能通过教育的启发找回自己的优势和特长，人人都能成为真正的自己。教师是实现教育目的的有力保障，只有充满教育敬畏、对生命进行关怀，才能实现教育的使命。因此，幼儿园需要为教师创造诗意、宽松的环境，为教师的发展和完善创造良好的气氛，尊重教师的需要，引导教师关注自我的生命价值，提高教师的自我教育能力。教师将不再是蜡烛，而是太阳，在给学生光热的同时也照亮着自己，在成就别人的同时也成就自己。这样，教师既能看到儿童的进步和成长，成就儿童的快乐人生，也能实现自己生命的完整和精彩。

另一方面，建立合作交流的平台。幼儿园的发展是教师实现发展的前提和基础，教师的发展又可以促进幼儿园的发展。教师团队之间的合作交流可以实现思想的沟通与信息的共享，并能促进课程资源、教学思想、教学行为等与幼儿园的发展目标相融合，让教师在合作中实现个人发展，并逐渐促进幼儿园的发展。虽然每个人的个性特征与价值观等都不同，但是在共同目标的引领下，教师群体之间彼此学习与讨论、相互探究与协作，进而产生对幼儿园强烈的归属感。

（二）建立教师共同体

生态取向下的教师发展强调教师的学习方式由个体学习、个体实践向集体学习、集体实践转变，通过建立教师共同体推动教师专业学习与发展。在这个过程中，一些幼儿园会从幼儿园的课程建设及园本教研等方面出发，也有一些幼儿园和高校进行合作，尝试通过"高校—幼儿园"教师共同体的构建促进幼儿教师专业发展。这个教师共同体主要由新手教师、成熟教师、专家教师几部分组成。新手教师通过与专家及同行进行互动及交流，不断深刻理解专业知识，掌握专业技能，增强自身在共同体中的影响力。专家型教师自愿和新教师分享自己的经验，新手教师自由表达内心想法，每个人都积极地参与到团队建设之中，并在此基础上逐步树立明确的信念，实现共同的愿景。教师共同体的建立，不仅可以促进教师的专业发展，也可以促进教育理论与教育实践的结合，有助于融合两个不同的教师群体，促进幼儿教师的职前教育与职后教育贯通。

（三）创造良好的共生环境

生态取向下的教师发展观认为，教师的专业发展是全面联系、整体关联的，不仅受幼儿教师所处的幼儿园、家庭、社区等微观系统的影响,也受教师所处的组织机构、社会文化环境等宏观系统的影响,更需要教师不断地自主学习与反思。因此,要促进教师的专业发展,就需要为教师营造外部与内部和谐共生的环境。教师专业发展的外部环境"主要由自然环境和社会环境构成:自然环境是指学校地理区域、学校布局、学校建筑、办公环境等;社会环境主要指教育行政部门颁发的教育政策与法规、学校内部的各种关于教师评聘、职称晋升、教学评价的规范与实施方式及校内外人际关系等"。"内部环境主要指教师的职业理想、对职业的认同度、合作学习的意愿、教研实践反思的方式等。"[①]一方面,国家、社会、幼儿园等要为幼儿教师专业发展创设良好的外部环境,促进教师专业发展的自主性与自觉性。如,国家可以加强对幼儿教师专业发展的政策支持,明确幼儿教师的专业发展方向;加大学前教育经费的有计划投入力度,提高幼儿教师的工资待遇与社会地位。社会可以加强对幼儿教师职业的宣传,加强公众对幼儿教师工作的理解;挖掘丰富的社区资源,支持幼儿园教育教学工作的开展。幼儿园可以创造良好的幼儿园管理文化,取得家长对幼儿教师工作的支持,以营造教师专业成长良好的外部环境。另一方面,营造促进幼儿教师主动进取的内生环境,促使幼儿教师发挥主体性作用,主动学习与反思,制定长远的职业发展规划。

三、生态取向下的教师发展观反思

生态取向下的教师发展观从整体、宏观的角度,认为教师专业发展与其生活和工作的环境息息相关,依赖于个体与环境的互动,因此,要促进教师的发展,就需要为教师创造一个良好生态环境。比如,从政策法规方面为教师专业发展创设良好的宏观环境;从幼儿园文化、教师文化、家园关系等方面为幼儿教师发展创设良好的中观环境,将幼儿园教师个体成长放置于幼儿园的整体环境之中;从微观方面促进幼儿教师自主发展,使教师自己参与到促进自身发展的过程中。所以,生态取向的环境观从影响幼儿教师多种因素的角度出发,将教师的专业发展看作一个相互联系的生态系统。在教师专业发展推动方式上,其是对理智取向和实践—反思取向的一种完善和补充。在生态取向下,人的发展过程就是不断理解和适应周围的生态环境及其变化与转化的过程。在这个过程中,人是主动的建构者而不是被动消极的适应者。

当前,幼儿园教师专业发展呈现理智取向、实践—反思取向和生态取向并存的基本态势,三种理论取向对"幼儿园教师专业发展"的理解不同,关注焦点各有侧重,共同促进幼儿教师的专业发展。理智取向强调幼儿教师知识与技能的获取,认为教师专业发展是教师获取足够的教育理论知识和掌握熟练的教学技能的过程;实践—反思取向关注教师的体验与反思,强调幼儿教师在教育实践中不断深化对教育的理

---

① 刘佳龙.生态取向视域下教师发展的困境与出路[J].教育探索,2020(6):85-87.

解、对儿童的了解、对教育理论与教育实践融合性的探究；生态取向侧重于关注教师专业发展的整体环境，将教师的专业发展置于良好的生态系统之中，强调通过良好的外部环境营造与内部环境激发，促进幼儿教师的专业发展。三种理论取向各有其存在的必要性与合理性，共同深化了幼儿教师对其专业发展内涵及外延的理解。幼儿教师专业发展理论既强调专业知识的习得和专业能力的获得，重视幼儿教师专业发展良好文化环境的营造，同时又强调幼儿教师个体专业自我成长与自我发展。因此，在教师专业发展过程中，我们不能拘泥于一种理念的指引，不能将三种取向进行对立，呈现非此即彼的状态。相反，三种取向呈现的是相互融合与对话的形态，它们互相弥补和完善，共同形成对幼儿教师专业发展的立体认识。

第五章

幼儿园园本课程建设与幼儿教师专业发展

第一节 幼儿园园本课程概述

一、幼儿园园本课程的含义

园本课程的概念源于三级课程管理中的"校本课程"概念。2001年,《基础教育课程改革纲要(试行)》指出:"为保障和促进课程对不同地区、学校、学生的适应性,实行国家、地方和学校三级课程管理。……学校在执行国家课程和地方课程的同时,应视当地社会、经济发展的具体情况,结合本校的传统和优势、学生的兴趣和需要,开发或选用适合本校的课程。"根据对于校本课程的认识,很多专家把园本课程定义为幼儿园根据自身的办园宗旨、教育理念和幼儿特点而自主确定的课程①。但是幼儿园的课程与中小学的课程又有所区别,幼儿园没有国家或地方规定开设的课程门类和内容,幼儿园主要是依据《幼儿园教育指导纲要(试行)》和地方教育行政部门的指导意见,以幼儿园的教师为主体,在关注幼儿需求的基础上构建适合幼儿园的课程体系。因此,很多专家比较认可幼儿园园本课程是"以法律法规及相关政策为指导,以幼儿园现实的环境和条件为背景,以幼儿现实的需要为出发点,以幼儿园为主体,由参与幼儿园教育的有关人员(教师、行政人员、家长、幼儿等)构建的课程"。

第一,园本课程首先应当是规范的、合法的课程,须符合有关幼儿园教育的法规政策的要求。虽然国家和地方对幼儿园课程只作宏观指导和规范,但是幼儿园并不能为了迎合家长或者出于其他原因而忽视教育的本质。第二,园本课程以幼儿园的现实资源为基础,这种资源既包括幼儿园内部的资源(如教育理念、教师素养、幼儿园环境等),也包括幼儿园外部的资源(社区环境、家长资源),体现了对幼儿园内外和外部资源的整合性。第三,园本课程以幼儿的兴趣需求为出发点,园本课程关注儿童的差异性和独特性。很多幼儿园园本课程为了特色而特色,一定要寻找与其他幼儿园的差异性,把园本课程当成特色课程建设,但其实关注儿童本来就体现了差异和独特性。如关于春天的认识,南方和北方、农村和城市孩子的关注点和兴趣都是不一样的,那么不同的幼儿园建构起的课程内容和形式也应是不一样的。第四,幼儿园课程的开发以教师为主体,但是参与主体是多元的。教师、幼儿园管理层、家长、幼儿等,都是积极参与幼儿园课程开发的主体。幼儿园课程开发既依托于教师的专业素质,又为促进教师的专业发展提供重要途径。

园本课程建设就是以幼儿园为基础,以挖掘幼儿潜能、促进幼儿全面成长为总

---

① 李子建,杨晓萍,殷洁.幼儿园园本课程开发的理论与实践[M].北京:人民教育出版社,2009.

目标,整合幼儿园、家庭、社区等的各种资源,通过课程设计、实施和评价等环节,对课程进行开发和优化的过程。课程可以是幼儿园自行开发的。幼儿园可以将办园理念和幼儿园的独有特点、条件相结合,从幼儿的发展兴趣、学习需要等方面出发,自主创编课程。幼儿园也可以选择国内外专家学者编制的课程并结合幼儿园办园理念、幼儿兴趣与需要、幼儿园自身资源等方面进行自身园本化课程的实施。2022年,教育部印发《幼儿园保育教育质量评估指南》,提出了"幼儿园不得使用幼儿教材",强调了尊重幼儿年龄特点和发展规律,坚持保育教育结合,以游戏为基本活动。因此,园本课程的建设更关系到幼儿园办园水平和保教质量的高低。

二、幼儿园园本课程的特征

(一)以促进儿童的发展为本

1840年,福禄贝尔在将自己所创建的机构命名为"幼儿园"时就强调,"按照儿童的本性去理解和正确对待他们,让他们自由地和全面地运用他们的能力,而不能违反他们的本性把成人的形式和使命强加于他们"。园本课程以促进儿童的发展为目标,旨在促进儿童整体发展的同时体现儿童发现的个性化与差异性,实现每一个孩子的发展。在传统的课程建设中,教师是课程计划的执行者,而幼儿只在教师的指导和干预下进行活动。教师在开展教学活动时只是单纯地完成教学任务和教学目的,没有考虑幼儿的自身经验和认知基础,更没有关注幼儿在活动中的真实感受和体验。《幼儿园教育指导纲要(试行)》指出:"幼儿园教育应尊重幼儿的人格和权利,尊重幼儿身心发展的规律和学习特点,以游戏为基本活动,保教并重,关注个别差异,促进每个幼儿富有个性的发展。"园本课程就是从幼儿园自身的基础出发,关注儿童的学习经验,探究儿童的兴趣与需求,结合幼儿园的内部和外部资源支持儿童的发展。因此,在园本课程实施中,儿童的主体性将得到极大的发挥,他们不是知识的容器,而是主动的探索者,拥有充分的时间和空间进行自我表达和探索,并能够充分发展自己的兴趣与爱好,他们的需求得到关注、心声得到倾听,在教育中实现经验的积累与自身的成长。

(二)生活性

西方哲学家胡塞尔认为,教育开始于生活,并与生活紧密结合,然而随着科学技术飞速发展以及其在人类生活中占据越来越重要的地位,人类在建构科学世界的过程中逐渐遗忘了生活世界。体现在教育中,就是人沦为科学与技术的奴隶,并像加工工厂的产品一样被按照外在的逻辑加以塑造与规训,结果形成了口头上的以培养人为目的,实际上并没有关注人的教育。杜威认为,教育与生活是紧密结合在一起的,教育就是生活本身,而不是为未来生活的准备。教育就是"从生活中学习""从经验中学习",从而促进儿童生长。在杜威看来,教育不是把外在的东西强加给儿童,而是要使其与生俱来的能力得到生长,因此,儿童教育是为其创造良好环境、促进其天赋和能力不断发展的过程,教育本身就是儿童的生活,生活就是生长,所以教育也是生长,除此以外,教育没有其他目的。

从某种意义上讲,回归生活就是回归人本身,人是教育关注的重点,人的发展与幸福是我们教育的目的。所以,教育回归生活,就是要关注儿童的个体发展。目前,课程回归生活的理念得到了很多教师的认同,他们也越来越认识到园本课程与儿童生活融合的重要价值。课程回归生活"不是对日常生活的简单再现、复制、翻版,它需要教师对日常生活现象进行筛选,其回归的生活应是经过过滤、净化、改造的生活和文明、健康、有益的生活"①。目前,儿童园本课程实施中经常存在两种倾向。第一种是因为功利性需求,忽视了儿童成长的需求和兴趣,以远离儿童现实生活的方式,把逻辑严密的知识授予儿童。第二种就是完全着眼于日常生活,将课程理解为对生活的简单复制,却忘记对生活加以整合,忽视了儿童对生活的体验、认知、感悟,忽视了教育目标是要把儿童培养成为和谐发展的"完整儿童"。很多教师认为只要把生活中的东西拉到课程中来就是实现了课程回归生活,儿童依然遵从整齐划一的教学形式,按照教师的预设进行各种活动的操作。在此过程中,儿童的需求和兴趣并没有完全得到关注和教师的响应,儿童依然生活在成人所创造的世界中,无法真正回归自己的生活世界。

(三) 生成性

在传统的课程实施中,教师只是课程计划的执行者,而幼儿又随着教师的课程设计急性学习,教师只见教材不见"儿童"。园本课程就是要把教师从对教材的依附、把幼儿从教师的高控中解放出来,让教师通过师生间的互动与对话,以幼儿的经验和兴趣为基础,从幼儿园现有的资源和环境出发,生成适宜幼儿园的课程体系。因此,当园本课程关注儿童的兴趣与需求时,生成性就成为其重要的体现。课程会随着儿童的兴趣与需求产生,又会随着儿童的探究不断调整、发展和完善。在此过程中,教师需要具备敏锐的观察力和评估能力,能够及时发现和评估儿童的兴趣和需求,制订适合的课程计划。同时,教师还需要了解儿童的个性和特点,针对不同儿童制订不同的学习计划和目标。通过对幼儿的观察,教师可以发现和跟随他们的需要和兴趣,充分利用教学资源,随时调整活动目标和进程,支持、引导幼儿的活动,充分发挥幼儿的自主性,调动和激发每个幼儿的潜力,使课程不断发生和发展,促进幼儿进行动态的有效学习,实现多元化发展。因此,幼儿园园本课程是一种以儿童为

---

① 王声平,杨晓萍.论学前课程对生活世界的回归:文化哲学视角[J].教育与教学研究,2010,24(11):12-15,32.

中心的课程模式,它关注儿童的兴趣和需求,注重儿童的多元化学习和探索,有助于促进儿童的全面发展和自我实现。

(四)整合性

《幼儿园教育指导纲要(试行)》指出:"幼儿园应与家庭、社区密切合作,与小学相互衔接,综合利用各种教育资源,共同为幼儿的发展创造良好的条件。……充分利用自然环境和社区的教育资源,扩展幼儿生活和学习的空间。"园本课程是以幼儿园的幼儿和教师为基础开发的课程,整合了幼儿园管理层、幼儿教师、幼儿家长、社区人士等多方面的力量,并且突破了幼儿园内部的学习空间,对幼儿园的内外资源进行了整合。因此,园本课程意味着幼儿园的教育从过去的封闭走向了开放。一方面,幼儿园儿童的学习和发展需要得到教师、家长和社区的共同支持。另一方面,幼儿教师的专业发展又以儿童的发展及幼儿园的进步为依托。从课程开发的主体来说,园本课程的生成性决定了课程最重要的参与者——幼儿和教师成为课程的开发者,彻底扭转了幼儿园教学"只知有教材而不知有儿童"的局面。此外,园本课程还要求在课程建设过程中引入家庭、社区的支持,不论是课程活动的建构,还是课程资源的支撑,都获得了外界力量的帮助。可以说,园本课程是一个自下而上的创生平台,以开放的姿态打破传统课程开发的封闭空间。幼儿园园本课程建设促进了幼儿和教师的共同成长,促进了幼儿园的特色发展。

案例5-1:自理小能手 生活小达人(小班)

一、活动起源

午间起床后,我像往常那样帮助孩子们穿衣、整理。忽然发现看看坐在床上无可奈何地抱着上衣和裤子一动不动,从他的眼神中可以看得出来是想要老师的帮助,于是我走到他的身边询问了一下:"怎么了?需要我帮助你穿吗?"他点了点头。天气渐渐暖和了,孩子们换上了轻便的外套,我们也尝试引导幼儿午睡时自己穿脱衣裤。但是每次起床后,孩子们还是会拿着衣服来找老师。

《3~6岁儿童学习与发展指南》健康领域"具有基本的生活自理能力"中指出:指导幼儿学习和掌握生活自理的基本方法,如穿脱衣服和鞋袜、洗手洗脸、擦鼻涕、擦屁股的正确方法。幼儿想要成为生活的主人,必须具有基本的生活自理能力,学会自主,服务自己。根据孩子们目前存在的问题和需要,我们展开了关于孩子们自主穿衣的一系列深刻的思考……

是不是因为在幼儿园有老师帮忙,孩子们才不愿意自己穿衣裤?孩子们在家是不是会自己穿衣裤呢?于是,我们开展了一次晨谈活动。

通过与幼儿的讨论与日常观察我们发现,幼儿在家的穿衣情况与在园情况一致:会自己穿裤子,但不太会穿衣服。成人主要由于担心幼儿感冒、为了节省时间等原因,对幼儿穿衣进行包办。为了帮助小班幼儿进一步提升自我服务能力,我们决定围绕幼儿穿衣时遇到的问题开展本月的活动。

二、活动过程

活动一:我会穿衣

1. 小朋友穿衣困难

刘焕宇:"这个袖子可真难找,一定不能找错了。"

彭子晋:"安安要把衣服先披在背上。"

铎铎:"可是我分不太清楚正反。"

2. 分享交流

教师:"小朋友们平时有没有什么好的方法可以很快穿衣呢?"

宸宸:"穿带帽子的衣服可以直接把帽子套在头上,这样袖子就好找到。"

张若汐:"我的衣服没有帽子,可以直接先找到一只袖子,再找另一只袖子。"

熙熙:"可是我总是找不到衣服的袖子,分不清衣服的前面和后面。"

教师:"小朋友们,谁有好方法,快来帮助熙熙?"

依依:"有扣子的地方就是前面,没有扣子的地方就是后面。"

刘姝含:"如果实在找不到,可以把衣服放在桌子上穿。"

3. 幼儿再次操作,巩固经验,并且进行互相帮助

教师反思:此次活动既可以帮助幼儿掌握一些生活技能,还可以激发幼儿自己动手的意愿,并提高了孩子们自己的事情自己做的自我服务意识,满足了孩子们的表现欲望,同时也激发了他们自我服务的意识,为他们养成良好的学习生活习惯打下坚实的基础。但是,有小朋友提出:脱了衣服后,衣服怎么整理呢? 于是,第二个活动产生了。

活动二:我会叠衣服

1. 对话讨论,引发幼儿思考

教师:"小朋友发现床上堆着好多衣服,乱糟糟的,该怎么办呢?"

王婧菲:"把衣服都放在床尾。"

小米:"把衣服放在被子的下面。"

罗希言:"把衣服叠整齐再放一起。"

最终,大家都觉得罗希言小朋友的想法很好,并决定脱掉衣服把衣服叠起来。

2. 叠衣服讨论与尝试

老师配上有趣的叠衣服儿歌,"关上门、抱一抱、点点头、弯弯腰",向孩子们示范叠衣服的步骤。孩子们观察后,都踊跃地举手,想要试一试。边唱儿歌边学穿衣,孩子们在不知不觉中逐渐掌握了自己穿衣服的本领。

教师反思:有了穿衣服的前期经验,小朋友们午睡起来都能有序地自己穿衣,但

是孩子们又有了新的困难。午睡起床后,孩子们最常问的问题就是"老师,我鞋子穿对了吗""这样穿鞋是对的吗""老师,我不会穿鞋怎么办",也经常出现穿反鞋的现象。班里有多少小朋友能正确区分鞋子的正反呢?他们对自己每天穿的鞋子又会有怎样奇特的认知呢?鞋子是孩子们生活中的好伙伴,他们对鞋子充满了好奇,也出现了一些困扰,于是活动三产生了。

活动三:我会穿鞋子

1. 观察鞋子,初步认识鞋子正反

教师:"小朋友们快看一看,郑老师今天和小朋友们一起做游戏了,郑老师带大家认识一下我们的鞋子。"

心心:"郑老师,你的鞋子穿反了。"

张昊渝:"郑老师的鞋子是系带子的鞋子。"

朱槿溪:"我喜欢这种布鞋。"

教师:"心心给大家说一说,你怎么看出来鞋子是穿反的呢?"

心心:"因为老师的鞋头地方有点问题。"

霖霖:"我知道,鞋子这个地方是圆圆的,老师现在的不对。"

2. 针对鞋子怎么样摆是正确的进行了总结和讨论

贝儿:"穿鞋子的时候把鞋子摆整齐就可以了。"

朱梦栩:"鞋子要头对头是个半圆形。"

月月:"摆整齐穿的时候也要看好,左边鞋是左边的脚丫,右边鞋是右边的脚丫。"

长乐:"我就是会摆,但是总是穿反。"

安安:"穿的时候就要注意看好鞋头的方向。"

教师总结:一双鞋子的鞋头对在一起呈现的是半圆形,穿在脚上的时候左边的鞋要穿在左脚,右边的鞋要穿在右脚,小朋友们穿的时候可要看好再穿。

教师反思:本次活动的开展是在原有活动的基础上,孩子们通过讨论,总结经验,师幼互动不断探讨,从而丰富了活动的内容,提高了孩子的语言表达能力和创造能力。通过穿鞋子游戏,锻炼了幼儿手部小肌肉灵活性,增强了幼儿的自理能力的同时,也使幼儿学会了观察,理解了按照一定的规律对鞋子进行分类,为以后数学的学习奠定了良好的基础。通过这一段时间的锻炼,幼儿的进步是明显的,因此在以后的教育教学中,要多加强幼儿的体验性,让幼儿在做中学,在做中成长。

案例5-2:山楂红了(中班)

一、活动来源

幼儿园的山楂树成熟了,山楂树上开始结出小山楂的时候,孩子们就经常来到树边对山楂进行观察,讨论什么时候可以吃到山楂,并分享对山楂味道的认识。当山楂开始慢慢变红的时候,小朋友们开始讨论"山楂可以吃了吗""山楂可以做山楂糕,可好吃了""山楂还可以做冰糖葫芦呢"。因此,教师带着小朋友们亲自采摘山楂,开启了对山楂的探索之旅。

二、活动过程

活动一:认识山楂

1. 采摘山楂。在采摘山楂的过程中,幼儿一起交流山楂树的样子、叶子的形状。

2. 在观察山楂的样子之后,小朋友们用笔画出了自己眼里的山楂树。

3. 回到教室洗完山楂后,幼儿一起闻一闻山楂,尝一尝山楂的味道,一起回顾山楂的成长过程,共同讨论山楂的作用。他们了解到山楂可以生吃,也可以做果酱、果糕;干制后可以入药,有健胃、消食化滞、舒气散瘀之效。

活动二:酸酸甜甜——冰糖葫芦

1. 冰糖葫芦的回忆

冰糖葫芦长什么样,是什么味道的?幼儿你一言我一语地商讨着,"我吃过山楂的""我吃过橘子的""我吃的是那种山楂里夹核桃仁的"。幼儿在味觉的回忆中增加对冰糖葫芦的印象,用泡泡泥、图画、符号等方式记录自己的思考,并打算亲自制作冰糖葫芦。

2. 讨论糖葫芦的制作材料

孩子们总结出来的基本材料有糖和各种水果(山楂、葡萄、核桃等)。

3. 讨论糖葫芦的制作步骤

"要用山楂,串到棍子上。""把糖放到锅里煮,要煮成像水一样才可以。""把糖葫芦放到锅里转一圈,再拿出来晾凉了就可以吃了。"在此过程中,幼儿学会观察糖色的变化、糖和水的比例。

4. 分享冰糖葫芦并交流

米乐:"我觉得很辛苦,串的时候要用很大的力气才能串进去。"

一诺:"有可能会把手戳流血的。"

桃桃:"老师裹糖的时候,锅很烫,会把手烫伤的。"

王雨飞:"为什么我的冰糖葫芦上的糖很少呢?"

教师发现在制作糖葫芦的过程中,裹糖时,有的小朋友会提前把糖葫芦往前推很多,空出来很大的位置可以用手拿住;有的小朋友会用一根签字插在已经串好的糖葫芦上,把它整个放在锅里,自己拿着上面的签字;有的小朋友会找老师要夹子,夹着它。幼儿在探究中积极思考,拓展经验,快速成长。

活动三:甜甜蜜蜜——冰糖葫芦店

当学会制作冰糖葫芦后,幼儿开始讨论在区角游戏活动中开一个"冰糖葫芦店"。小朋友们开始讨论冰糖葫芦的包装、钱币的设计、微信和支付宝二维码设计、货币找零等细节,教师在此过程中对幼儿的想法不断提出支持。

教师反思：动手操作是幼儿获取经验最好的途径，幼儿只有亲身体验，才会记忆深刻。本活动以幼儿动手操作为主，教师带领幼儿一起亲自体验摘山楂、做冰糖葫芦的过程，体验制作糖葫芦这个过程中的快乐与辛苦，并在此活动中生成卖冰糖葫芦的区域游戏。在制作的过程中，幼儿都有强烈的兴趣和好奇心，并且学会了保护自己。无论是在串糖葫芦时，还是在裹糖时，孩子们都有很强的安全意识，知道保护自己不受伤害。另外，他们会发现问题，也会自己想解决办法，或与同伴交流，或向老师寻求帮助。总而言之，他们会通过自己的努力去解决问题。比如，有的小朋友发现自己做的冰糖葫芦并不成功，在与同伴的交流中学会看糖色和火候；有的幼儿在穿冰糖葫芦的时候，会按照水果的规律穿。裹糖时，有的小朋友会提前把糖葫芦往前推很多，空出来很大的位置可以用手拿住；有的小朋友会用一根签子插在已经串好的糖葫芦上，把它整个放在锅里，自己拿着上面的签字防止手被烫伤。在此过程中，孩子们给了我很大的惊喜与意外，所以只要有合适的时机，我会对孩子们放手，让他们自己去做，因为孩子们总要自己面对问题，我们能做的是给他们提供积累经验的平台。

以上两个案例的主题都起源于生活，来自儿童的兴趣，活动形式比较丰富多样，深化了儿童的原有经验。在同一个主题之下，每次小活动的开展都是教师对儿童兴趣的挖掘，促进了教育与生活的结合。另外，在活动结束后的反思中，两个教师都能看到儿童的潜能，体现了在园本课程实施中教师教育理念的不断转变。

三、幼儿园园本课程建设的影响因素

（一）幼儿经验及幼儿的兴趣与需求

在学习的过程中，儿童会调动已有经验，运用全部的智慧去研究、探索、发现及尝试新的经验。儿童在学习的过程中不仅体悟着当下的生活，也不断获得新的有益经验。在这个过程中，儿童不仅增长了知识，而且其能力、情感态度等各方面都得到了发展，最终获得了更加完整的经验。由于不同幼儿园所处的环境不同，幼儿的生活经验也有所不相同，因此，园本课程应以儿童的生活为教育起点和内容，更应整合儿童的生活环境，让儿童在生活中进行学习。另外，幼儿的兴趣经验直接影响着课程的组织和实施。园本课程实施需要教师抓住幼儿的兴趣来源，发掘隐藏在其中的课程资源。如孩子们暑假归来，讲述自己坐飞机和高铁的经历，于是教师就生成了"出行方式"课程，并把时间、座位号等融入其中，促进了儿童生活化的学习，实现了教育与生活的结合。但如果教师在整个课程开发中，只是一味借鉴别人的经验，忘记了自己本班儿童的兴趣和需求，园本课程就失去了意义。

（二）幼儿教师专业素养的影响

专业化的教师队伍是园本课程建设的关键因素。当幼儿教师的专业知识比较深厚，能对儿童的发展和幼儿园的教育教学活动有更深的理解时，就能够将教育技能灵活地运用到幼儿园的教育实践中，体现出更好的专业能力。这样的教师也会对幼儿园的园本课程有着较好的认同，并且能够追随幼儿兴趣，结合本地资源和幼儿园的现实基础开发和实施园本课程。有的老师就会提道："我觉得园本课程的实施对我的触发很深。一方面，我理解了课程没有想象的那么难，我也可以有能力并且有机会把自己对教育的理解融入教育教学活动中。另一方面，我也能在园本课程的开发和实施中学会观察儿童。"如果老师对园本课程缺乏足够的理解，缺乏教育理念的更新和能力的不断提升，园本课程建设就会存在各种问题。有的教师在开发园本课程的时候，一味地复制别的幼儿园的经验，而忘记了自己幼儿园的资源基础；有的老师按照自己的理解推进园本课程的开展，而忘记了对幼儿的兴趣和喜好进行观察。因此，幼儿教师的素养直接影响着幼儿园园本课程的开发与实施。一个具有良好素养的教师，善于为儿童营造良好的班级氛围，能够与儿童进行互动与交流，能及时发现儿童的兴趣与需求，并能给予儿童积极的支持，从而促进儿童的社会性、情感、智力和身体等方面的发展。正如美国幼教专家凯茨形象的比喻：专业化的教师"能抓住孩子丢来的球，并且把它丢回去，让孩子想继续跟他玩游戏，并在玩的过程中不断创造出新的游戏来"。

（三）幼儿园的管理制度的影响

如果幼儿园制度的推进并创设了浓厚的教研氛围，就可以促使教师的教师观、儿童观和教育观发生转变，树立积极的职业意识，养成良好的职业习惯。不言而喻，这些都会对园本课程的开发产生深刻的影响。反之，如果幼儿园大量的日常工作挤占了教师们不少时间，那么教师就很难抽出精力投入园本课程开发，对园本课程开发的主动性较差，往往以完成任务的心态对待园本课程开发。比如，有的幼儿园的老师就谈道："你看我们平时事情也很多，一会儿填这个表，一会儿填那个表，还要开各种会。园本课程开发这块，幼儿园里有专门的开发组，主要都是他们在做，我们普通教师参与不多。"因此，幼儿园如果要开发具有深度的园本课程，就要减轻教师的工作压力，让教师有时间、有精力去思索如何实施园本课程。

（四）幼儿园对资源的利用的影响

幼儿园园本课程往往立足本园实际，在整合多方资源的基础上，实现幼儿的发展。因此，幼儿园所处地区的自然和社会环境、幼儿的家长素养等都对幼儿园有着非常重要的影响。如，同样是认识春天，农村的幼儿园可以让小朋友认识春天的田野,而城市的小朋友可以认识春天的公园。另外,同样是认识植物,南方地区的幼儿园和北方地区的幼儿园探究的植物是不同的。如,南方小朋友对春笋能引发探究,而北方的小朋友对春笋比较陌生。需要注意的是,很多幼儿园对园内的各项资源往往比较重视,投入大量人力、物力采购物资和制作教具,给园本课程提供支持。然而,有的幼儿园对园外丰富的课程资源却视而不见。例如,地处乡村的幼儿园羡慕城市幼儿园财力充足、设施完善,却对周围丰富的自然资源视若无睹;海边、山区的幼儿园为无法组织幼儿到海洋馆、植物园参观而感到遗憾,却没有意识到身边就是大自然赋予的资源宝库。凡此种种都说明,增加课程资源不仅是加大资金投入的问题,还需要幼儿园管理者和教师转变思想,打破常规,从丰富课程资源的种类和拓宽课程资源的来源渠道入手,为课程建立丰富的资源库,为园本课程开发保驾护航。

第二节　园本课程建设中的幼儿教师专业发展

一、基于"情境体验"的幼儿园园本课程案例

X幼儿园是一所省级示范园。该幼儿园从2016年开始,通过与该地区师范院校合作,与该师范院校的学前教育专业建立了协同育人基地和学前儿童行为观察中心,在共同的教科研培养当中,形成了基于情境体验的园本课程,不仅促进了儿童的发展,也促进了教师的专业发展。

该幼儿园有着非常好的内部体验环境。除了每个班级内部的区域环境外,该幼儿园为幼儿提供了30多个主题场馆,涵盖30类行业、50多种社会角色,让幼儿在真实的环境氛围中,在轻松愉悦的学习、体验氛围中快乐健康成长。但是,刚开始,虽然幼儿园内部环境很好,可教师们的课程活动设计却难以和幼儿园的环境结合起来,产生了幼儿园课程与幼儿园环境相脱节的现象。经过多次研讨,该幼儿园成立了由幼儿园一线教师、幼儿园管理层和高校教师共同组成的教研小组,对幼儿园的幼儿家庭背景、幼儿园的文化氛围、幼儿园的教师教育理念和能力及本地区的资源进行多方面的梳理,形成了基于情境体验的园本课程。该园本课程以儿童的经验为基础构建活动课程,关注课程的情境性、生活性、行动性和过程性,通过提升教师素养开发课程资源,创设情境体验式环境。同时,为了增强幼儿的操作性和体验性,该园本课程实施"主题探索—实践体验—教研反思—经验提升"四阶段体验式教学法,有效解决了传统幼儿园课程与儿童生活经验相互脱节的问题,建成了体验式课程教学资源库,建成了集教育、教研、实践为一体的课程教学团队与课程教学平台,保证了"幼儿园情境体验课程"的深入开展与深化实践。

在园本课程的形成过程中,课题组深深感受到,课程建设中,教师的理解、支持和投入是非常重要的。因此,课题组先是和一线教师进行了2~3年的儿童行为观察的研究和分析,让幼儿教师学会观察和分析儿童的行为,并在此基础上对幼儿园原有的课程目标、内容和组织形式等进行了探讨,在逐步更新教师教育理念的基础上,不断给予教师新的启发,从而改变了幼儿园课程的预设和高控比较明显的现象,丰富了教师的专业知识,提升了教师的专业能力,促进了教师的不断反思和学习。

案例5-3：基于情境体验的幼儿园园本课程建设规划

一、幼儿园情境体验课程的基础

1. 幼儿发展的经验探究

教育的意义和价值在于促进幼儿经验生长，《幼儿园教育指导纲要（试行）》中提到，幼儿园教育应丰富幼儿的生活，满足他们身心发展的需要，帮助他们度过快乐而有意义的童年。《3~6岁儿童学习与发展指南》明确指出，要珍视游戏和生活的独特价值，创设丰富的教育环境，合理安排一日生活，最大限度地支持和满足幼儿通过直接感知、实际操作和亲身体验获取经验的需要。

2. 教师素养的提升

在教育教学活动中，如果教师素养没有提升，那么教学活动就是单调的、重复的、没有热情和活力的，这样一来，教师会产生厌倦和茫然的消极情绪，会直接影响教师与幼儿对话交流的质量和儿童整体发展水平的提高。因此，情境体验式课程的实施需要持续对教师进行培训，提升教师素养。

二、幼儿园情境体验课程的目标

我们以幼儿的积极参与、身心投入为前提，以幼儿的生活世界为根基，以幼儿的自主体验和自我体验为核心，以促进幼儿个性发展为目标，建立了基于情境体验的幼儿园课程模式，从而在"游戏""课堂教学""幼儿经验"这些概念之间构建桥梁，这对幼儿园课程游戏化的推进有着非常重要的意义。

三、幼儿园情境体验课程的组织形式

围绕儿童的生活和经验，幼儿园通过体验式教学活动、体验式实践活动、体验式合作活动等形式，让儿童通过与同伴的互动、与环境的互动得到学习与发展。在组织形式方面，在幼儿园内部，加强教学环境创设，改革教学模式，增强教学活动的体验式；通过各种园内外实践活动，突出儿童学习的过程性，打破幼儿园的空间限制；通过与家长、与社区的合作，为幼儿园儿童的学习建立一个立体的学习空间。

四、幼儿园情境体验课程的实施——四阶段教学法

第一阶段：主题探究。对将要进行体验的职业主题进行知识铺垫，让幼儿通过多种途径了解和主题相关的知识。

第二阶段：情景体验。通过让幼儿自由选择和自主体验，发展儿童的不同兴趣和多方面的能力。

第三阶段：教研式反思。目的是让幼儿运用前期习得的理论知识并结合生活经验进入场馆自主体验，教师做观察记录，体验结束后与幼儿进行讨论、评价。教师共同讨论，探寻提升幼儿经验的途径。

第四阶段：经验提升。目的是在前几次体验的基础上再进行提升，保证体验过

程的完整性和有效性。

五、幼儿园情境体验课程的保障

1. 建构教学团队发展模式

为促进课程的长远发展和课程系统化的形成，基于情境体验的幼儿园课程模式在构建上坚持协同共进的理念，以形成专业学习共同体，营造良好的教研环境，促进课程模式的建构。

2. 关注教育共同体的构建

幼儿园与高校、社区和家庭合作，建立教育共同体，一方面具有理论的支撑，另一方面，幼儿园可以借助社会和家庭力量，有效利用周边社区资源，确保幼儿在真实情境中进行体验，形成"园区联合、园区协助"的基地建设样态。

3. 构建集教育、教研、实践为一体的课程平台

此平台一方面研发促进儿童发展的课程体系，统整课程资源与活动，提高课程实施效能；另一方面是课程实施的实践场所，同时也是课程实施效果的见证者。

4. 创设情境体验式环境

在幼儿园内部，建立三级学习环境。第一级为班级区域环境区，通过班级主题探究活动的开展，帮助幼儿丰富情境体验知识；第二级为同楼层共享环境区，为幼儿提供更丰富的体验材料及与异班同伴交流的机会，通过更为密切的交往活动提升幼儿体验水平；第三级为全园共享环境区，通过全园幼儿自主选择，营造小社会的氛围，让幼儿在实践中发展交往能力、解决问题的能力，通过在幼儿园建立各种体验环境，让幼儿在直接感知和实际操作等方面获得经验。在园外，密切联系家长和社会资源，共同进行课程的研发，这样做不仅能使儿童获得多样化的真实情境，而且能促进幼儿园课程的优质化发展。

六、情境体验课程的评价

1. 重视个性化评价

体验具有个性化，不同幼儿会产生不同的体验，并表现出丰富多彩的表征方式。在不同情境下，幼儿的境遇是多样的，其表征方式也是多样的。为此，我们切不可以某一种思维方式来确立一个统一的标准以衡量每个幼儿的体验，而要尊重幼儿的个体差异，重视每一个幼儿的内在价值，这种评价即"个性化评价"。在基于情境体验的幼儿园课程中，我们比较关注儿童在体验活动中的个性化表达。

2. 强调过程性评价

情境体验课程的实施不仅重视活动的结果，更要重视活动的过程；不仅重视幼儿在体验活动中获得的知识、技能，更要重视幼儿在体验过程中所获得的探究意识、精神和能力；不仅重视幼儿的情感体验，更要重视激发幼儿的积极性和主动性，培养幼儿自信的个性。

3. 关注内在的评价

有的体验是只可意会而不可言传的,具有缄默的特性,我们也就不能用外显的标准来衡量。因此,基于情境体验的幼儿园课程评价主要运用的是"过程性评价"和"内在的评价"等多种评价相结合的方式。

可以说,此课程的实施打破了学科界限,整合了教育资源,增强了儿童学习的主动性。在此课程模式下,幼儿的学习突破了幼儿园的空间限制。幼儿园通过与社会合作、与家长合作,实现了情境化学习,体现了课程与生活的衔接。情境体验的四阶段教学法让幼儿在富有情境化的环境中自我探索和体验,激发和提升了幼儿的学习兴趣与学习品质,关注了幼儿社会性交往和解决问题的过程。同时,教师角色转变为幼儿学习的观察者、引导者和启发者。以情境体验为特色的幼儿园环境促进了幼儿学习方式情境化。教育只有通过生活才能产生作用并真正成为教育,幼儿园的课程更是"从生活中来,在生活中展开,也在生活中结束"。本项目为幼儿园创设了一个有效的教育情境,符合幼儿生活经验,贴近幼儿年龄特征,能更好地促进儿童的成长。"情境体验课程"的创设,让幼儿在其中体验、思考、升华及训练,促进幼儿主动深入学习。

二、园本课程建设对幼儿教师专业发展的影响

园本课程开发是在尊重幼儿园、教师、幼儿的独特性和差异性的基础上构建起来的,因此,幼儿园的课程开发关注当地的资源和文化,不断依托本地区的文化,充分挖掘幼儿家长及社会的资源,共同形成教育的合力以促进儿童的发展。在这个过程中,幼儿教师能够充分认识到本地区、本园和幼儿的独特性,从而促进幼儿园的课程开发,形成对儿童主动学习的支持,并传承当地的文化。而教师在此过程中逐步成为课程与教学的研究者,这确立了教师的专业地位,赋予了教师开发课程的权利和责任。教师与课程专家、幼儿园管理者、家长及幼儿等共同参与到课程的开发中,这对教师的课程意识和课程能力等都提出了新的要求,也为教师的专业发展提供了广阔的空间,有助于幼儿教师形成反思习惯,形成科研意识及能力,不断更新教育教学观念,促进自身创新意识和能力的提升。

为了进一步分析幼儿园园本课程的实施对幼儿教师专业发展的影响,我们在X幼儿园分别选取了幼儿园的保教园长、保教主任和大中小几个班级的9名老师进行了访谈:

(一)园本课程建设中幼儿教师专业理念的提升

问:您如何看待幼儿园实施园本课程?

XT1:"刚开始我们实施园本课程,觉得非常难,总是觉得自己没有那个能力。后来幼儿园不断邀请专家进行培训,我们开始理解园本课程实施的关注点在哪里。现

在,我们觉得园本课程让我们学会了观察儿童、分析儿童的兴趣点。"

XT2:"园本课程实施这些年来,我对相关政策文件的内容越来越熟悉,学会在各类活动中去观察儿童的兴趣和需要,并不断跟随儿童的兴趣设计各种活动。比如,放假归来的时候,孩子们会很兴奋地讨论他们假期去了哪里,我就带着孩子们去了解不同景点在我国的哪些地方。在这个过程中,他们学会了看地图,了解了祖国的大好河山,其实也就生成了课程。"

从以上的访谈中我们可以看到,教师们对园本课程的认可度较高。同时,很多优秀的教师都能从园本课程建设中感受到自己的进步。

(二)园本课程建设中幼儿教师专业知识的获得

问:您觉得通过园本课程的实施,自己的专业知识有什么样的变化?

XT3:"刚开始,我们幼儿园让我们做园本课程的时候,我们真是感觉非常茫然。比如,我觉得我发现不了儿童的需求在哪里,或者我发现了他们的兴趣点,但是我觉得自己无法实施。但是经过不断的学习,我慢慢地明白了课程的起源在哪里,等自己想明白了,就发现了其实园本课程实施起来更容易,更能够激发我们教师的灵感与积极性。因为以前的情况是教材上有什么,我就给孩子传递什么,根本不需要去倾听幼儿想干什么。但是现在实施园本课程就不一样了,所以我也感觉到自己成长了很多。"

XT4:"在做园本课程的时候,因为幼儿的想法非常多,问题经常是出其不意的,所以为了不让孩子问自己问题的时候没有办法解答,我经常需要对很多方面的内容进行深入了解。对于我来说,我科学领域的知识有了比较大的扩充。比如,在沉与浮的活动中,一个孩子发现铁块直接扔在水里就沉下去了,但是放在泡沫板上就浮在水面了,这一下子引发了很多孩子的兴趣,他们开始找各种材料,探索如何将其与铁块结合起来不沉下去。在这些活动中,我一方面得支持他们的发现,同时还要解答他们遇到的各种疑难问题。与孩子一起探究,我也觉得自己进步了很多,所以园本课程对我们老师的要求还是挺高的。"

从与教师们的谈话中我们可以发现,虽然教师们在园本课程的实施中遇到过一些困难,但是他们也承认,通过园本课程的不断实施,自己的知识面扩展了,对儿童的了解增加了,也逐步掌握了如何支持儿童发展的知识。

(三)园本课程建设中教师专业能力的提升

问:您觉得通过园本课程建设,您在哪些方面的进步比较明显?

XT5:"幼儿园为了加强园本课程的建设,也邀请了专家对我们进行儿童行为观察能力的培训,要求我们定期拍摄对儿童进行观察的视频,并在教研活动中进行分享。当儿童进行活动的时候,我们的主要任务就是观察儿童。在这个过程中,刚开始我们并不知道观察的点在哪里,拍摄的视频往往很杂乱。但是随着园本课程的不断推进,我们逐步学会了分析儿童活动中的闪光点,也发现做园本课程没有我们想象得难。"

MX1:"在实行园本课程的这几年,老师们的教育理念和课程开发能力的进步还是比较明显的。原来的时候,老师们离不开教材,必须给他们一个蓝本,然后他们按照设计好的程序去进行设计。现在,我觉得通过园本课程实施,教师们首先在观察儿童、评价儿童这方面有了很大的进步。我们的课程就是从儿童的视角出发进行设计的,幼儿园的课程也就自然地带有我们自己的特点。因为我们的孩子、我们的幼儿园环境和其他幼儿园是不一样的。以前我们整天在思索怎么能和别人不一样,怎么体现特色,现在我们就很少思考这方面的问题了。当我们从儿童的视角出发,从自己幼儿园本身的内部环境和外部环境出发时,幼儿园就已经和别人有了很大的差异了。"

XT6:"刚开始工作的时候,我觉得按照教材蓝本操作起来更容易。经过园本课程的不断探索,在和孩子们一轮一轮的学习中,我感觉到了自己的进步。我会经常在与幼儿的沟通中迸发思想的火花,寻找比上一次更好的体验、突破和改变。"

在这个幼儿园中我们可以看到,无论是幼儿园的管理层还是教师,其实都对园本课程比较认可,幼儿园给予了教师比较多的支持,这促进了园本课程建设中教师的专业成长。

三、教师在园本课程建设中面临的问题

(一) 对园本课程的深层次理解不足

园本课程的内容大部分来自幼儿的兴趣,它的最终目标是使幼儿在快乐中学习,满足幼儿生命成长的需要。但通过现状调查可以发现,仍有教师对园本课程缺乏理解,认为园本课程是老师自己想出来的创意课程,缺乏从幼儿园自身文化和幼儿兴趣角度出发构建园本课程的能力,只关注园本课程的实施结果,不关注园本课程的实施过程。教师很难深入全面地认识到园本课程与教师专业发展、幼儿需要之间的密切关系,因而很难把它看成自发的需要。

XT7:"园本课程让我们教师自己做,我觉得还是比较难的,想到网上去找点资料,结果一看都太深奥,全是些专家、大学老师在说园本课程是什么,找了半天也没有找到具体教我们开发园本课程的材料。"

XT8:"我在网上查了很多别的幼儿园开发的园本课程。有的东西我们可以借鉴,但很多都是民俗呀、某某地区呀、少数民族之类的,不知道我们能不能用。"

通过与教师的谈话我们可以发现,有的教师做园本课程时,关注点不是儿童与幼儿园,而是期望和教材一样,有一个蓝本给自己。

(二）预设与生成能力有待提高

问：您觉得在园本课程建设中遇到的困难有什么？

XT4："我们幼儿园的教育理念是让儿童在游戏中体验与成长，非常注重在课程设计与实施中对儿童的关注。但是有时候我就觉得想一个主题出来特别难，好不容易思考了一个点，有时候孩子还不按照我们的想法走。比如，我带领他们用面粉做面食，有的孩子拿着面粉玩了起来，还有一些怎么也揉不成面团。所以，我就替代他们完成了。但是领导说我忽视了儿童的需求，太高控。"

MX2："在目前园本课程的建设中，我发现教师们虽然对园本课程有了一定的认识，但是课程实施过程中的预设性还是太强，也就是课程的起点尊重了儿童，但在实施的过程中就忘记了儿童的需求。"

在"探究面粉"的活动中，教师带领儿童一起制作面食，结果发现很多幼儿首先面对的是无法把面粉揉成团的问题。为了完成活动目标，教师不得不代替孩子们完成了揉面团的步骤，再由幼儿完成后面的步骤。

通过对教师进行访谈我们发现，教师在活动设计中没有考虑到儿童的需求。比如，教师开始设计活动时，没有考虑到儿童可能遇到的困难。即使发现了这个困难，也没有进行解决。其实在这个过程中，教师完全可以和儿童一起讨论揉面团失败的原因，分析水和面粉的比例，让儿童在总结经验的基础上再进行活动。但是，这位教师却选择了直接代替。通过对幼儿园管理者访谈我们也可以发现，目前幼儿教师仍然缺乏对儿童的深入了解，在活动设计过程中，教师的课程创生能力仍然有待进一步提高。

（三）园外课程资源的开发力度不够

园本课程资源包括园内资源和园外资源，通过交流我们发现，幼儿园对园内资源的开发普遍做得比较好。在幼儿园的各项活动中，教师们也都很注意利用身边的各种材料为课程创造条件。与之形成对比的是，幼儿园缺少对园外资源的有效利用。一旦跨过幼儿园的校门，教师似乎就抓不住可以利用的资源了，仅有的方式就是请家长配合提供一些简单材料，供活动使用。另外，幼儿园对所在城市的历史文化古迹、公共设施等也缺乏必要的开发和利用，造成园本课程的开发和实施只局限于幼儿园内部。

问：您平时开发课程中比较关注哪些课程资源的利用？比如家长资源、自然资源（树木、花草）、社会资源（菜市场、超市）、文化资源（当地的文化习俗），您比较关注哪些方面？

XT4："我设计活动的时候，首先会考虑家长的配合度和家长的资源支持，其次就是自然资源的利用，这个比较方便，也能得到家长的支持。比如，到了春天，儿童很喜欢做树叶拓印画,这个既符合孩子的兴趣,获得资源也比较方便,家长还喜欢。但是文化资源和社会资源相对比较难利用一些,操作起来麻烦一些,协调的方面比较多。如果你要带儿童去超市感受买与卖活动,就得取得超市的配合。在社会资源这一方面,我们就需要对资源进行整合,还得专门进行学习,所以我们的考虑得较少一些。"

XT5:"其实,把幼儿带到户外去,我们也是很愿意的,但就是安全需要我们关注,万一哪个孩子磕了碰了,没有办法给家长交代。"

通过以上交流可以看到,在开展各项活动时,由于考虑到安全性,有的教师会尽量避免与园外环境产生直接的互动和交流。另外,教师普遍缺少对外联系的途径,而开发园外课程资源需要一定的对外联络能力,因此,幼儿园在进行课程资源的开发与利用时,目光往往放在了对园内资源的深度开发上,对丰富的园外资源不得不选择性放弃,这也造成了园本课程资源结构上的不平衡。

四、园本课程建设中教师期望得到的支持

问:在园本课程的支持这一方面,幼儿园主要做了哪些工作?

MX2:"我们平时除了接受政府部门组织的培训外,我们幼儿园主要和当地的师范学院建立了良好的教研合作关系,定期邀请高校的老师来到幼儿园,和我们一起进行教研活动,对我们的园本课程进行不断探讨,这的确给了我们很多的启发,让我们的课程建设得到了非常快速的发展,幼儿园的管理层也非常支持这些工作。"

问:您觉得有了哪些方面的支持可以让自己把园本课程做得更好?

XT6:"其实刚开始培训的时候,我们对园本课程的理解不够深入。但是经过不断同高校专家和幼儿园教师进行交流,我觉得自己思考问题的角度还是有了很大的变化。起码在操作的过程中,我们会明白我们的方向是对的。我们幼儿园的氛围很宽松,经常先让我们表达各种困难和诉求,然后再一起讨论,我觉得非常好。"

XT7:"你看我们平时事情也很多,一会儿填这个表,一会儿填那个表,还要开各种会。园本课程建设对我们的要求很高,需要教师细心的观察、耐心的指导,所以幼儿园要给予我们时间和精力去思索园本课程的建设。"

通过以上访谈我们可以看到,要进行园本课程建设,教师不仅要有先进的意识观念,还需要掌握必要的理论知识。如果教师在观念和理论上存在不足,就会影响园本课程实施的效果。理论素养高、实战能力强的教师往往能很快上手,开发出质量较高的园本课程。相反,那些理论欠缺或实践能力不足的教师则会在该工作中遇到困难。此外,教师对园本课程开发工作的认可度和主动性也会影响该项工作的开展。园本课程开发是一项创造性工作,需要教师主动投入精力,才能获得创造性成果。如果把园本课程开发作为强压给教师的任务,那么他们从内心深处就会对园本课程开发产生抗拒,在具体工作中也会敷衍了事。因此,园本课程开发既要求教师主动参与,又要求参与这项工作的教师有一定的理论和实践水平。

第六章

幼儿教师的职业培养

第一节　高质量教育体系与幼儿教师职前教育

高质量教育体系需要高质量教师队伍来支撑,而高质量教师队伍需要以高质量教师教育为前提条件,幼儿教师职前教育是教师培养的起始阶段,是学前教育师资培养的关键环节,是学前教育高质量发展的基础和保障。随着教育质量要求的不断提升,教师的职前教育也要随着时代发展积极进行变革创新,改进人才培养的方法和手段,形成适应人才发展需求的新型培养模式。《中共中央　国务院关于全面深化新时代教师队伍建设改革的意见》提道:"办好一批幼儿师范专科学校和若干所幼儿师范学院,支持师范院校设立学前教育专业,培养热爱学前教育事业,幼儿为本、才艺兼备、擅长保教的高水平幼儿园教师。"2022年2月,《关于实施师范教育协同提质计划的通知》提出,通过构建高质量师范大学体系,整体提升师范院校和师范专业办学水平,提高教师培养质量。目前,人民群众对"有学上"的需求已经基本得到满足,对更加公平均衡、更加特色优质的基础教育的需求更加强烈。这既对教师的师德修养、专业素养和教学能力提出了更严格的要求,也给教育机构的责任践履和使命担当带来了全新挑战。

一、高质量教育体系对幼儿教师职前教育的要求

教师队伍建设是高质量教育体系建设的核心要素。建设高质量教育体系是一项系统工程,需要教育体系各阶段、各方面、各环节有机协调,相互促进。教师教育位于人才培养体系的上游,是促进教育质量提升的关键点。教师的职前培养作为教育师资培养的关键初始环节,是建设高质量教师教育体系的重要基础。高质量教育的发展模式有两种:一种是外延扩大式,主要通过追求数量和规模,如增加学校数、扩大招生规模、提高在校生数等方式达到发展目标;另一种是内涵提升式,通过结构调整、提高人才培养质量达到发展目标。目前,随着学前教育师资要求的不断提高,人民的诉求从"有学上"转变为"上好学",人们对教师队伍的学历结构、专业能力与育人水平提出了更高要求,内涵式发展模式逐步代替外延式发展模式,这对幼儿教师的培养提出了新的挑战。

第一,落实立德树人的根本任务。新时代的教师是立德树人事业的中坚力量。"优秀教师应具备正确的历史观、民族观、国家观、文化观,将社会主义核心价值观内化于心、外化于行,并贯穿于教育教学的过程中;应自觉履行现代社会对个体的道德

要求,促进社会整体道德秩序的提升;还应具备长期从教、终身从教的职业情怀。"①理想信念是支撑教师专业发展的动力,师范生良好的教育情怀和师德是新时代教师的核心要求。教师教育的高质量发展,首先就是要培养具有高尚情操和教育情怀的教师。因此,教师的职前培养要以教育高质量发展为主线,深入落实立德树人根本任务,全面贯彻党的教育方针,聚焦党和国家、区域经济社会发展对教育人才的需求,落实《中共中央 国务院关于全面深化新时代教师队伍建设改革的意见》《国家中长期教育改革和发展规划纲要(2010—2020年)》《教师教育振兴行动计划(2018—2022年)》等文件关于建设高素质教师队伍的要求,遵循"四有好老师"的培养标准,努力培养"有理想信念、有道德情操、有扎实学识、有仁爱之心"的高素质、善保教的高水平幼儿园教师。教师应热爱学前教育事业,高度认同幼儿教师工作的专业性,具有正确的教育观、教师观和儿童观,做幼儿成长的启蒙者和引路人。

第二,坚持教书育人的使命。"教育之为教育,正在于它是一种人格心灵的'唤醒',这是教育的核心。教育是关注人的教育,教育的目的就是在传承文化的同时铸造灵魂,育人成长,使每一个生命个体在教育的殿堂找到人生的意义和价值。因此,在一定的意义上,教育是直面人的生命、通过人的生命、为了人的生命质量的提高而进行的社会活动,育人为本是教育发展的核心命题和价值取向。"②坚持教书育人的使命,就是以"人"的发展为目的,关注人的完整性。"教书"体现对成才的需求,"育人"体现了对成人的需求,它们共同形成对人生命的完整性和人生价值的守候。我们所培养的人才不再像流水线上的工人一样,失去了对自我情感和价值的关注,而是成为个性鲜明、乐观、热情向上的自由人。要实现教育培养人的终极目标,就必须拥有珍视"人"的完整性、对"人"的发展与幸福深切关注的教师队伍。把这一理念落到教师的职前培养中,就是要强调对教师综合素养的培养,将知识传授、能力培养和价值引领融为一体,使未来的教师成为关注儿童内在需求、关注儿童生命完整、促进儿童成长的教师。

第三,强化能力培养。当今和未来世界的竞争,从根本上讲是人才的竞争。职前教师教育要把师范生能力的培养作为重点,重视师范生的社会实践和生活体验,鼓励自主探究和主体参与,实现教师教育观念和人才观念更新,增强其实践智慧。《幼儿园教师专业标准(试行)》指出,"能力为重"是幼儿教师应该坚持的基本理念,并对幼儿教师的专业能力提出了具体、全面的要求,即掌握幼儿的身心发展特点、创设环境、捕捉生活中的课程生长点、调动幼儿参与对话和共同建构知识等,这些被视为幼儿教师专业能力的重点,直接影响幼儿园的教育质量和幼儿的健康快乐发展。从这个角度看,教师的培养要聚焦于生动鲜活的实践,以实践为核心,实现教育理论

---

① 梅兵,周彬.新时代高水平师范大学的育人使命与教育担当[J].教育研究,2022,43(4):136-142.
② 张建雷.高质量教育体系建设视域下的职前教师培养路径[J].教育理论与实践,2023,43(15):42-46.

与教育实践的融合。

第四，关注持续发展。教师质量的提升是教育改革的重要环节。习近平总书记在中共中央政治局第五次集体学习时强调，"强教必先强师。要把加强教师队伍建设作为建设教育强国最重要的基础工作来抓，健全中国特色教师教育体系，大力培养造就一支师德高尚、业务精湛、结构合理、充满活力的高素质专业化教师队伍"。而要进入高质量的教师队伍，教师就不仅仅要掌握高深的知识与技能，更需要掌握不断学习的理念和能力，能够不断适应时代变革的要求和教育改革的要求。此外，需要对教师的职前教育和职后教育进行全面统筹，促进职前职后一体化。职前教育应培养教师学会学习，拥有终身学习意识，与时俱进地更新教学观念、教学内容、教学方法和教学手段，使教师进入工作岗位后还能不断地主动学习与反思，为专业发展和终身成长奠定扎实基础。因此，教师的学习是一个动态的、持续的过程。新时代的教师只有树立终身学习意识，不断地学习、探索与创新，才能与时俱进地实现自身的可持续发展。

二、幼儿教师职前培养的困境

（一）忽视教师综合素养的培养

教育是一种囊括了政治、经济、文化、伦理、心理、社会的实践活动，具有高度的丰富性、复杂性和情境性。教育的高质量发展需要真正了解教育、热爱教育的有理想信念、有道德情操、有扎实学识、有仁爱之心的"四有好老师"。新时代，师范教育的高质量发展，应更加注重适应未来社会需要的师范生素质、注重师范生群体的教育情怀和师德养成的高质量发展。教师不仅要有一定的专业知识和专业技能，同时还需要有良好的人文素养及坚定的教育信念，能够不断地理解、追求和实现教育的意义。因此，职前教师的培养不仅要有专业理念与行为（即具有正确的儿童观、教师观、教育观和相应的教育行为）和专业知识与能力（包括理解儿童发展的知识与能力、保育和教育的知识与能力、游戏理论及支持引导能力、教育活动计划设计与实施能力、环境创设与利用知识的能力及反思、合作和研究能力），还要有专业感受和体验（即具有观摩、参与、研究教育实践的经历与体验），从而将专业信念与师德养成、专业知识获得与运用、专业技能训练与专业能力提升、教育科研意识和创新意识的培养等有机联系起来进行整体建构，在保证专业适应性的基础上，提升职前教师的综合素质。

目前，受理智取向的影响，幼儿教师的职前培养比较强调知识的获得和技能的形成，倾向于传授具体的教学方法、教学模式，如教态的训练、课堂讲授的步骤与方法、多媒体课件的使用等，忽略了道德修养、人格品质和理想信念等方面的培养，缺乏对教育背后教育意义与价值的追问，从而造成师范生进入工作岗位后，习惯按照固定的模式进行教育教学活动,缺乏对教育本质的思考,忘记了对人本身的关怀,造成了人才的单向度发展。教师被技术所导向,成为有效的教学机器和按批量、按固定模式塑造的人,无法拥有健康的人格、坚定的信仰以及丰富的情感体验。这样的教师在工作中,必然缺少了生气、激情与创意,将儿童视作流水线上的产品,却不关心如何使儿童和自己成为"完整的人",甚至有可能出现"虐童"等违背职业道德的恶劣行为。

(二)课程体系缺乏系统性,难以支撑教师持续发展

学前教育专业课程要比其他专业的课程设置更加广博与丰富,幼儿园的活动主要有生活活动、游戏活动、学习活动等。目前,高校的学前教育专业的主干课程主要以学前儿童保育学、学前心理学、学前教育学为基础,后续开设的课程主要是学前游戏论、幼儿园课程、学前儿童社会教育、学前儿童科学教育、学前儿童语言教育等,还有占比比较大的艺术技能课程,如钢琴、美术、舞蹈等。目前,课程之间的相互融合是一个较大的问题。首先就是技能课程与幼儿园的五大领域活动、游戏活动等方面的融合。很多院校学前教育专业的学生只会单纯的技能应用,却不能把技能很好地融入幼儿园的各类活动。其次,幼儿园目前以主题活动与区域活动为多,园本课程的开发与实施需要与主题活动、区域环境密切联系,但是幼儿园课程重心仍然在五大领域活动设计上面,难以体现学习的发展性。最后,不同课程之间内容的重复情况也是比较多的,如五大领域课程之间,基本理论部分的重复性就较高。但是在课程实施中,教师并没有对课程重复性的内容进行一定的梳理。在课程实施过程中,不同课程内容重复讲解,知识呈现出凌乱性,不利于师范生的梳理与掌握。另外,我们在研究中发现,在课程体系的设计中,本科院校存在重理论轻技能的问题,职业院校等则存在重技能轻理论的问题,这些都影响着教师的高质量发展。

(三)将教师专业能力等同于技能训练,教师难以适应社会需求

学前教育是实践性很强的一门专业,除了对教师的职业技能和弹、说、舞、唱、画等艺术教育能力有较高的要求外,更需要教育者采用符合幼儿身心发展特点的独特方法,将广博的知识创造性地融合到幼儿所喜欢的活动中去,在活动中引导幼儿观察、感受、操作和体验,进而形成一定的概念和经验。但在实际操作中,一些院校将专业能力等同于技能训练,又将技能训练等同于艺术技能,认为幼儿园教师的专业技能就是"吹、拉、弹、跳、唱"。而大部分学前教育专业的艺术类课程教师是艺术专业教师,并不清楚学前教育专业的艺术特点,对师范生应该达到的艺术技能水平没有设置一个合理尺度,严格要求师范生按照艺术专业的水平来学习。到了幼儿园后,师范生仍然不知道如何将在学校所学的艺术技能与幼儿园的各类活动相结合。而对教育实践的狭窄理解,也造成了教育教学过程对生命完整的关注。夏丏尊先生

在20世纪20年代说过这样一段话,"学校教育到了现在,真是空虚极了。单从外形的制度上、方法上,走马灯似的更变迎合,而于教育的生命的某物,从未闻有人培养顾及。好像掘池,有人说四方形好,有人又说圆形好,朝三暮四地改个不休,而于池所以为池的要素,反无人注意"。教师懂得的只是一些表面化的操作程序,许多课堂看似设计完美、结构合理,却失去了内在的思想根基。教育过程中师生关系的平等、真诚,教师所拥有的信念已经不复存在。苏霍姆林斯基说过:"如果我只是一个教书匠,我就不是一个真正的教师,通向儿童心灵的小道就会对我紧紧地封锁着。"因此,教师是一个用生命与生命交往的职业,是灵魂之间的碰撞、思想之间的交流,是生命之间的启迪与共生。

(四)实践教学环节薄弱,与教育理论融合性不足

一方面,实践教学有效性不足。目前,大多数学校比较重视实践教学,在很多课程中都安排了实践环节,并且有集中的教育见习、实习等,并且很多高校都将实习调整为16周的集中实习。但是由于在操作层面上缺乏系统性,很多幼儿园的实习工作并没有提升师范生对专业理论的反思,有的师范生完全复制一线教师的经验,忘记了教育实践和教育理论的有机整合。实践教学往往演变为理论教学的补充,只是对理论教学的一种实践验证,导致理论和实践缺乏有效衔接。

另一方面,实践教学缺乏衔接性。实践能力不是单一的能力构成,是以理论知识为基础、以实践活动为载体、以解决问题为根本目的的一种综合能力。因此,实践教学体系是一个完整系统。学前教育专业课程要比其他专业的课程设置更加广博与丰富,既包含普通教育学、普通心理学等"大教育"的相关课程,也包含具有学前教育自身特色的专业课程;既包括专业理论知识,也包括琴、棋、书、画等专业技能;既包括教育知识,也包括保育及科学组织一日生活活动的知识等。如何安排这些课程并协调它们之间的关系,则对实践教学的实施提出更加严格的要求。但是目前,高校学前教育专业课程实践环节各自为政,缺乏统一安排和规划。目前,实践教学重单一技能练习,轻专业能力培养;重外显知识获得,轻内隐理念渗透。这使教师进入实践教学后,既缺乏专业的精神,也缺乏从长远的角度促进儿童发展的能力。

(五)教学评价形式单一,缺乏有效性

随着社会的快速变革,传统的教育手段与教育方法已经无法满足现代教育的新要求,教学方式的滞后制约了教育质量的提升,也影响了师范生的全面发展。评价是对师范生学习成果的一个考核,是对师范生所学内容的一个测量标准。从评价对象、评价时间、评价方式等不同维度出发,评价可以划分为内部评价、外部评价,或形成性评价、终结性评价、定性评价、定量评价等,其中的任何一种都应运用于课程设

置评价。而高等院校课程设置的评价应该将这些结合起来,这样做才能使评价工作更全面、更具体。目前,很多院校的大部分课程的评价是以期末考试的形式来进行的。就因为这样,考试前就会出现"临时抱佛脚""为了考试而加班"等现象。虽说"临阵磨刀三分快",但是这种现象只是为了应付考试,这些记忆都只是瞬时记忆,考完试后全都忘了。这种评价形式失去了评价本身的意义。

第二节 幼儿教师职前培养路径

教育在本质上是实践的,教育理论从它诞生的那天起,就以服务于教师的实践为指向。但是教育理论在现实中却面临着尴尬的处境。对于一线教师来讲,教育理论是空洞的、不能指导实践的,只是拿来就背、背了就考、考了就忘的东西。究其原因,主要是现在的教育理论脱离了教师鲜活的生活,以抽象的概念和条文为基本要素,把对教学规律和教学真理的追求看作教育教学研究的本源,最终使得教育理论只能在"空中高唱",而在现实的生活中听不到它的声音。当我们习惯用理性和思辨的方式去观照我们的教学活动时,教师就会走向工具化的模式。因此,对于教育理论,我们应该从三个方面入手去建构:一是让教师全面了解教育基本问题和规律的教育理论;二是构建指引教师将教育理论转化为日常工作策略的教育理论;三是为教师提供从教育学的视角和思维方式审视问题的教育理论,使教师将外在的教育类知识内化为教师自身的理念和认识。唯有如此,教师才可能站在更高的层次上去审视现实中的教育问题,更好地促进教育实践的发展。

另一方面,为了促进教育实践的丰富性,课程改革强化了实践课程与教师教育类课程的比重,课堂教学模式由传统的讲授式逐步向慕课、微课、反转课堂等实践取向的模式发展,学习评价采取理论和实践的双重考核,并把幼儿园的实践资源引入教师的职前培养中。幼儿园不仅承担教育见习与实习工作,而且还参与高校培养方案与课程设置等工作,并对学生的实践学习进行指导和考核。其所拥有的实践场所、实践资源、优秀师资、实践活动等全部向高校开放。高校教师会向实践基地的教师提供专业服务,一线教师可以定时到高校进行学习与培训,高校的学生又能够进入实践基地进行实践学习,从而实现理论与实践、理想与现实的有机结合。

一、优化教师教育生源供给结构,培养优秀毕业生投身教育行业

早在2019年,我国高等教育的毛入学率就已经达到51.6%,进入世界公认的普及化阶段,为教师队伍建设提供了充裕的人力资源基础。然而,师范教育在高等教育系统内部一直处于中等偏下的位置。在我国四级三轨教师教育体系中,共有3 000多所学校参与教师培养,但2 000多所是中职学校、中师、高等专科、高等师范专科[①]。当前,教师教育体系亟须以需求牵引供给,把提高教师教育供给体系质量作为主攻方向,有计划地减少专科及以下的无效和低端供给,扩大本科及以上的有效

---

① 赵英,朱旭东.论高质量教师教育体系建构[J].中国高教研究,2021(10):52-57.

和中高端供给,提高教师供给侧对于需求侧的高质量适应性,构建符合新时代要求的、结构合理的高质量教师教育供给体系,支持高校扩大本专业本硕连读的比例,扩大教育硕士、教育博士的培养规模,有计划地逐步缩小专科、中专层次的招生规模。这将直接带动教师队伍学历层级的整体升级,形成与教育强国相匹配的教师学历层级。

二、构建基于"突出师德,能力为重"的教学目标体系

第一,突出师德是师范院校培育师资的首要要求,立德树人是师资培养者必须坚守的最基本信念,落实立德树人的根本任务就成为高校人才培养的重要内容。人生百年,立于幼学。学前教育是人生中最基础的教育,在国民教育中占据着非常重要的地位。幼儿教师作为智慧的引航者,是幼儿重要的启蒙老师,其自身修养直接影响幼儿品格的形成、身心的健康成长,甚至决定学前教育的办学质量。因此,师德的养成,是新时代幼儿教师职业素养的重中之重,是培养新时代幼儿教师的内在要求和重要保证。因此,作为新时代幼儿教师培养的摇篮,高师院校人才培养的逻辑起点和基本前提是立德树人,这也是高校人才培养的责任和使命。

第二,厚植教育情怀,构建"四有好老师"人才培养体系。教育情怀是教师核心素养的内容,是教师对教育事业产生的专业心境和情感依附,主要反映了教师对于教育理解、热爱、忠诚和信念的程度,是教师持续发展的不竭精神动力。习近平总书记在2014年同北京师范大学师生代表座谈时的讲话中指出:"好老师的道德情操最终要体现到对所从事职业的忠诚和热爱上来。"热爱学前教育事业,是一名卓越幼儿教师最基本的道德情操的体现,也是一名幼儿教师最基本的专业素养。因此,在专业培养目标中,人才培养要强调全面贯彻党和国家的教育方针,践行社会主义核心价值观,依法执教;坚持履行立德树人职责,具有正确的儿童观、教师观和教育观,认同幼儿教师的职业价值,热爱学前教育事业;坚持立德树人、学生中心、产出导向的办学思想,构建"四有好老师"人才培养体系,关注学生综合素养的提升;要把对教育的理解、培育教育忠诚、树立热爱与坚定的教育信念等,作为职前教师培养的主要内容;要积极引导学前教育专业的学生建立正确的儿童观、教师观和教育观,认同幼儿教师的职业价值,热爱学前教育事业,激发他们献身学前教育事业的热情和激情,使他们成为"有理想信念、有道德情操、有扎实学识、有仁爱之心"的"四有好老师",为新时代幼儿的健康成长乃至为学前教育事业的创新发展作出贡献。

第三,树立"幼儿为本"的教育理念。高质量的教育是"育人为本"的教育,是要求幼儿教师尊重幼儿权益、以幼儿为主体、充分调动和发挥幼儿的主动性的教育,也是遵循幼儿身心发展特点和保教活动规律的、保障幼儿快乐健康成长的教育。以"幼儿为本",其实就是尊重幼儿的个体存在,关注儿童发展的需求,对幼儿的积极情感给予有效回应。教师要富有爱心、责任心,工作细心、耐心,让幼儿在轻松愉悦的

活动中得到发展。教师要能够发现不同个性特征幼儿的优势和特长,并为幼儿的发展提供良好的环境,让教育教学活动成为展现幼儿生命精彩的过程;突出保教并重,将幼儿的主体地位体现在日常生活的各个环节,体现在课程设置的各个领域,体现在教育活动的各个方面,为促进每个幼儿富有个性地健康成长奠定良好的思想和感情基础。

教师的职前培养要体现"幼儿为本"理念,幼儿教师的培养不能像传统中那样,把艺术等方面的技能培养放在核心位置,而是需要把观察与评价儿童等的相关课程放在非常重要的位置,让未来的教师更多地理解儿童,理解儿童的教育,从而在教育中促进每一个个体的和谐发展,提升生命的价值和尊严。

三、调整课程结构,构建基于核心素养的课程体系

1. 优化课程结构

合理确定理论课程与实践课程、必修课程与选修课程之间的比例关系,构建科学的符合应用型人才培养目标和专业实际的课程体系,突出课程设置的科学性、前瞻性、应用性和完整性。选修课程是高等院校课程的重要组成部分,对于拓宽师范生的视野、促进师范生的优势特长具有重要的作用。但是现实中,选修课程所占比例甚少,没有起到拓宽师范生知识面、扩大其学科视野的效果。

2. 构建完整的实践教学体系

传统的实践教学中,师范生进入教学实践后,要么不知如何操作,要么就将所学理论抛却脑后,简单复制一线教师的操作。因此,应该从整体上构建实践教学内容体系,强调综合性、突出实践性、注重发展性,逐步整合课程体系,以实践为核心,培养学、思、行结合的反思型、实践性人才,通过课程实践、活动实践、教育实习基地实践、社会实践四个方面,加强师范生对实践的认识和反思;促进"理论与实践协同、校内校外协同、课内课外协同"关注,强调"学校评价、同行评价、社会评价"三个评价角度,共同保障人才质量的提升。课程内容主要包括四个部分:通识类课程、学科基础课、专业基础课与专业能力课。其中,专业能力课不再仅指琴法、舞蹈、绘画、手工制作等技能技巧,更包括各类教学实训、课堂观摩、教育活动设计等,包括学前健康教育、学前社会教育、学前语言教育、学前科学教育、学前艺术教育等。课程体系体现理论教学与实践教学融合,实现教学做合一,构建完整有效的专业能力训练体系。

3. 加强不同模块课程之间的融合

首先,促进通识课程与专业课程之间的融合。通识课程旨在培养学生文理学科基础知识,促进学生科学素养和人文素养的融合,培养学生的价值观和教育观,提升师范生的逻辑思维与反思能力。专业课程旨在培养师范生的专业知识,训练师范生的专业技能,提升师范生的实践能力,帮助师范生深入理解、准确把握教育专业的理论与方法,帮助其提升教育实践能力。两者之间的相互融合有利于促进幼儿教师更

加全面地理解儿童教育。

其次,加强学科专业课程与教师教育类知识的融合。学科专业课程主要培养师范生形成"教什么"的素养,培养师范生形成厚实的学前教育知识、扎实的学前教育技能、丰富的学前教育实践能力和反思能力,为师范生从事教育教学工作打好知识、技能与经验基础。教师教育课程旨在培养学生形成"怎样教"的素养,帮助师范生形成科学的儿童观、教育观、教师观,掌握儿童的发展规律与教育技能。两者之间的融合更有利于师范生理解幼儿园的教育教学规律。

最后,关注理论课程与实践课程、必修课程与选修课程之间的综合。为了促进师范生全面发展,提升师范生的专业素养,需要在帮助师范生形成良好的理论基础的同时,高度重视理论联系实际,在理论课程中设置足量实践学时,使师范生在理论学习的基础上丰富实践体验,通过毕业论文、见习、实习和研习等实践课程,提升实践能力。合理设置必修与选修课程,通过必修课程深化学生的专业能力,通过选修课程加强个性化培养。

四、理论与实践融合,构建完整的实践教学体系

持续推进教师教育实践改革,促进理论与实践的深度融合,需要构建完整的实践教学体系,确保师范生教育实践时长累计不少于16周,并将教育见习、教育实习、顶岗实习、教育研习等贯穿师范生培养的全过程,同时加强课程实践、第二课堂活动实践,促进教育理论和教育实践的进一步融合。

1. 注重基地实践,加强实践技能

基地实践包括教育见习、教育实习、顶岗实习等。教育见习帮助师范生形成职业意识;教育实习与课程教学相结合,学以致用;顶岗实习与就业相结合,展示个性和特长,双向选择,提高就业质量。这是实践教学的最终落脚点,也是落实学前教育职业性的必由之路。

教育见习——增强职业感性认识。从第二学期开始,每学期见习一周左右,使师范生感受学前教育各方面的活动,坚定理论信念,增强做一名幼儿教师的感性认识,明确职业目标和努力方向。见习可与专业课程教学相结合,既能巩固教学内容,又能达到学以致用的目的。

教育实习——巩固专业能力。在经历5个学期的学习后,师范生带着已有的专业知识到幼儿园等学前教育相关机构进行为期一学期左右的实习,观察、了解、研究教育服务对象的生理、心理、能力等方面发生发展的现象、特征,多种形式探索实践短期实习模式,用专业理论指导实践,从实践感悟中发现自身不足,获得理性认识。

顶岗实习——搭建宽阔就业平台。顶岗实习与就业、创业相结合,拓展职业能力,展示个性和特长,增长才干;互利互惠,双向选择,共建课程,密切与用人单位的广泛联系,形成培养与就业的良性循环,有效地提高就业率、巩固率。

为达成教育实践目标,保证教育实践的针对性、层次性、有效性,教育见习和实习应该全学程不间断,分层次逐步递进,不断培养师范生运用专业知识和技能分析、研究、解决实际问题的能力,以及独立思考与独立工作的能力。

2. 注重活动实践,深化实践技能

活动实践形式包括专业竞赛活动、模拟活动、参观活动、研究活动等,如开展师范生专业技能竞赛活动,增强师范生的专业能力;带领师范生听取学术报告、参观幼儿园等,增强其对本专业的理解;模拟幼儿园游戏、一日生活等,培养其实践应用能力;利用寒暑假组织师范生参加各种实践活动,强化其专业能力。如到农村、城镇幼儿园支教,调查本地区学前教育发展状况等,使师范生在服务社会的同时,提高自身的专业水平。总之,以上几个方面相互联系、相互补充,全面整合,促进师范生专业理念、专业知识、专业能力等的发展。

3. 加强实践反思,提升教育理论素养

幼儿园的教育教学活动具有非常大的情境性。对教育实践进行不断反思,是提升幼儿园教师专业理论素养、促进教育理论与教育实践融合的重要形式。通过反思活动,教师才能将理论学习与实践相互对比,对理论进行深度思考,在教育实践中融入教育理论的思想,从而实现专业发展。没有反思的教育,只是教育经验的简单复制与积累,教师获得的是碎片化的知识,缺乏知识掌握的系统化和完整性,同时,教师也不能理解每一次实践背后的原理。经常可以看到的是,有一些专家型教师在介绍自己的教育教学经验的时候,其他教师觉得很有用,但按照原有的经验进行复制,却发现同样的方法自己用就起不到作用。原因就是大家只是看到鲜活的实践,缺乏对实践背后原理的反思,也缺乏对教育实践基础的不同进行理解,从而发现专业实践能力无法得到有效的提升。因而,实践活动并不是师范生对经验的简单复制,也不是每天的技能重复训练,而是通过对实践活动不断地思考,融合教育理论,加强对教育的本质认识,从而使教育知识和内容内化为自己独特的教育理论,成为教育智慧。

4. 建立实践指导"双导师"制度

配备优秀指导教师,全面落实高校教师与优秀幼儿园教师共同指导教育实践的"双导师"制,为师范生提供全方位、及时有效的实践指导,形成实习前、实习中、实习后持续完整的"双导师"培养模式。一般来讲,高校教师主要致力于教育学科的建设,致力于学科知识的系统化、理论化和抽象化,会忽略教育实践的特殊性和情境性。幼儿园一线教师容易对幼儿园的教育理念和理论持怀疑态度,喜欢根据自己的经验教学。如果师范生单纯跟着高校教师,就会失去对实践的理解;如果单纯跟着一线教师,就容易忘记所学理论而进入经验化的学习当中。"双导师"制度的建立,在一定程度上可以加强高校教师与一线教师之间的合作与交流,加强彼此之间的理解。高校专业课教师定期或持续深入幼儿园班级参加各项保教实践活动和教研活

动,积累实践经验,同时聘请幼儿园专家教师赴高校担任教师教育课程兼职教师,以实现学校教学与幼儿园岗位要求的深度对接。园校可以将幼儿行为观察与分析、模拟授课与说课等专业技能训练渗透于保教实习中,将主题活动设计、毕业论文撰写与保教研习相融合。同时,园校双方教师协同指导师范生开展教育研究,引导师范生在真实的工作情境中体验与反思,达到转识成智的效果。

定期对"双导师"开展切实有效的业务指导和专业培训。其中,校内导师的专业培训主要是参加学校、学院组织的实践教学教研活动和进修培训、外出交流。校外导师的专业指导主要是"三位一体"协同育人机制,采取专题培训、合作研究、现场探讨、网络研修等方式,广泛开展教育教学研究、教学实践交流等活动,完成业务培训、继续教育培训等活动,以有效提升校内导师指导实践教学的水平和校外导师的理论水平,促进"双导师"的专业成长,保证"双导师"队伍较高的专业素养。

五、构建多元化教学考核评价体系

1. 建立能力评价的实践教学考核评价体系

建立科学完整的实践教学考评体系是促进实践教学质量快速提高的主要手段。传统人才培养模式的效果评价机制主要通过课程考试进行,主要考查师范生对知识的掌握和理解程度,因此应该改革考试方法,着重考查师范生理解和掌握知识、运用知识解决问题的能力。对此,可以运用开卷与闭卷相结合的办法,把标准化试题与创新性试题结合起来,考查师范生的学习能力、创新能力、解决实际问题的能力。另外,可以加强校内实训和校外实践的指导和管理,进一步促进师范生实践能力的提高。

2. 加强关注成长的过程性考核

把形成性、诊断性和终结性评价结合起来,除了期末考试的评价,通过读书笔记、课堂讨论等方式,实现多样化的评价。在课程考查方面,注重师范生的过程学习,改革考试方法,着重考查师范生理解和掌握知识、运用知识解决问题的能力。除此以外,要通过举行第二课堂、课外实践等进行评价,促进师范生实践技能的提升,并加强校内实训和校外实践的指导和管理;校内实训的报告或成果,由专业指导教师评定成绩并做好记录,校外实践中,幼儿园和学校指导教师联合考核师范生的素质和能力水平。

六、构建完善的教学质量保障体系

(一)创设完善的实践教学条件,建立实践教学基地

校内实训实验是学前教育专业实践教学体系的重要构成部分,要建设各种实训室,包括钢琴教室、音乐教室、学前教育活动模拟实训室、画室、舞蹈教室、手工制作

室、蒙氏活动室、感统训练室、微格教室等。在校外,需要建立一批相对稳定的实习基地。

(二) 推进高师学前教育专业师资队伍建设

学前教育是实践性很强的专业,不仅需要高校教师有扎实的专业学术水平和科研能力,而且要求高校教师能长期深入实践,了解实践的各种方面,从而对师范生进行有效指导。因此,高校必须创造让高校专业教师在一线定期接触调研实践的机会,对专业教师进行不同形式的培训,同时聘请有丰富实践经验的教研员、名师、幼儿园园长作为专业兼职教师,指导实习和实训工作,建立一支具有现代教育理念和创新精神、教学能力强、熟悉幼儿园教育、乐于教书育人的高素质实践教学师资队伍。

(三) 探讨高师学前教育专业与幼儿园合作双赢模式

目前,大多数实践形式是高校单方面请求实践基地接受学生见习或实习并给予低额的指导费用,高等院校并没有与实践基地实现对等合作。相反,由于缺乏有效指导,实践时常出现盲目无序状态,不但不能给幼儿园带来利益,而且还干扰了幼儿园的正常管理和教学工作,从而使高校的实践教学陷入困境。因此,把幼儿园等实践基地发展成战略合作伙伴,建立与实践基地的双赢模式是必然的选择。这种合作模式,不仅有利于高校理论研究与实际应用的结合,同时也为幼儿园提供了丰富的教育资源和先进的教育理念。如高校通过派遣优秀的指导教师和师范生到幼儿园进行教育教学实践,可以将最新的教育理念和教学方法带到幼儿园。与此同时,幼儿园也为高校提供了丰富的实践场所和真实的教育场景,使得师范生能够在实践操作中学习和成长。高校还可利用教育科研、教师培训等资源优势与实践基地合作,共享科研成果,提高一线幼儿教师的理论水平和科研水平。而一线幼儿教师则可以在制定培养方案、设计课程体系、建设教学案例资源等方面为高校提出指导和建议,从而促进双方的共同发展。

案例 6-1:咸阳师范学院学前教育专业应用型人才培养模式

一、"3345"应用型人才培养模式的内涵

该人才培养模式基于"厚基础、养德性、重实践、强特色"的培养理念,在提升学生综合素养、促进学生全面成长的基础上,实现"3"有人才培养目标,即教育有思想、教学有特色、做人有品位,构建高校、政府和幼儿园"3"方合作,推进培养方案、教学机构、教学团队、课程体系"4"类协同,强化专业、师资、课程、教材和实践基地"5"项建设。该人才培养模式实现了人才培养过程中主体的合作化、过程的协同化、资源的优质化,整合了教育力量,形成了教育合力;通过实施科学的"分段式"培养

方案、扎实的全过程实践、严格的质量保障体系,有效保证了人才培养目标的实现。

该人才培养模式如图6-1所示。

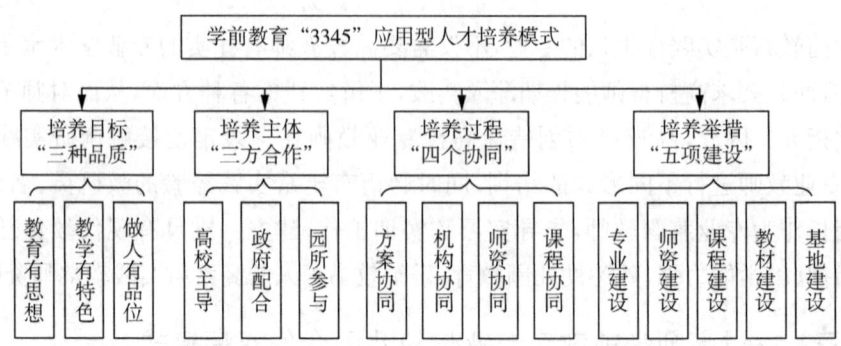

图6-1 学前教育"3345"应用型人才培养模式

二、"3345"应用型人才培养模式的目的

第一,解决人才培养社会适应性差的问题。针对师范生培养重智育轻德育、重理论轻实践、重规范轻特色等问题,优化课程体系,强化立德树人目标,提高师范生对幼教专业的职业认可度;引导师范生夯实专业基础,系统培养师范生的实践能力,提升师范生保教专业化水平和职业核心竞争力,提高人才培养的适应度。

第二,解决人才培养主体协同性不强的问题。针对高校人才培养主体单一、协同性不足的问题,高校、政府、幼儿园三方合作,实现了人才培养过程中高校、政府、幼儿园等机构主体的横向衔接和理论、技能、实践等课程体系的纵向关联,提高了人才培养的整合度。

第三,解决人才培养资源保障不足的问题。针对人才培养过程中优质资源不足、资源分散等问题,该模式通过专业、师资、课程、教材、实践基地等建设,整合优质教学资源,提高人才培养的保障度。

三、"3345"应用型人才培养模式的特征

1. 务实的过程推进

科学的分段式培养。"高校+幼教机构"协同制定分段式人才培养方案,前两年夯实基础,突出职业素养与德性教育,增强对职业的认知度和认可度;后两年突出实践能力,强化职业核心竞争力。

扎实的全过程实践。加大实习比重,二、三、四、五学期各安排1周教育见习;第六学期安排16周教育实习;第七学期,部分师范生参与顶岗实习;组建"高校+政府+园所"教学平台。

严格的质量保障体系。建立师范生评价、同行评价、用人单位评价的教学评价体系,同时建立由教学质量保障指挥系统、条件资源系统、信息收集系统、评

价与诊断系统、信息反馈系统组成的教学质量监控保障体系,有效保障人才培养的质量。

2. 合作培养,突出实践

培养主体合作化。人才培养过程构建了高校、政府、园所"三方合作"协同培养模式,实现了高校人才供给与园所人才需求的真实对接,提高了各合作主体的积极性,真正实现了人才培养的主体合作。

培养过程协同化。在人才培养过程中着力推进四类协同:"高校＋幼教机构"协同制定学前教育人才培养方案,协同打造"高校教师＋地方教研员＋园所名师"的师资团队,协同实施"通识教育＋教师教育＋专业理论知识＋实践素养"的课程体系,促进"高校＋政府＋园所"与"实训中心＋名师工作室＋实践基地"的协同培养。

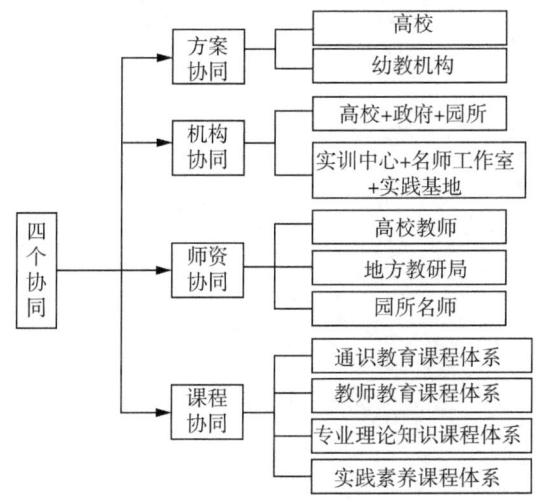

图 6-2 "3345"应用型人才培养模式中培养过程的四个协同

培养资源优质化。围绕质量工程项目建设,本专业通过打造"一流专业""名师团队""精品课程""优秀教材"和"示范基地",为人才培养提供优质资源保障。

该人才培养模式结合人才培养的需求,通过加强三方合作、推进四个协同、实施五大建设,实现了"教育有思想、教学有特色、做人有品位"的人才培养目标,形成了"全实践"的人才培养实践体系,让师范生提早接触幼儿园实际工作;将校内情景化实训、校外见习实习纵向贯通,对见习、实习周数进行优化调整,加大实践环节和实践课时的比例;形成了三方合作的实践育人创新机制,促使高校教师与幼儿园教师交流互动,有效促进了地方园所和高校教师的专业成长。三方合作的实践育人创新机制,实现了高校、政府与园所的合作共赢和共同成长。

第七章

幼儿教师的职后培养

第一节 幼儿教师职后培训的现实诉求

教师教育主要包括职前培养和职后培训。在现代社会,幼儿教师仅仅依靠职前培养这一途径来提高自身的素质已经不能满足社会的不断发展对幼儿教师素质越来越高的要求,所以,幼儿教师的职前培养只是教师职业生涯的起步。教师的专业发展,离不开实践锻炼和职后培养。完善教师职后培训体系,可以加快幼儿教师职业发展的成熟化进程,促进幼儿教师的专业成长,也有利于幼儿教育的可持续发展。

一、教师教育一体化的诉求

根据终身学习的理念,每一个个体必须不断地学习,才能够不断掌握新的知识与技能,不断适应现代社会的各种挑战,最终实现自我价值。教师教育一体化按照职前和职后人才培养的要求,按照教师专业发展的不同阶段,强调教师职前、入职、职后教育各阶段要持续而有效地衔接,将教师的职前培养、入职适应和职后培训看成是一个完整的过程,从而把具有促进教师专业发展功能的各种教育机构相互关联起来,形成教师终身学习的专业支持体系。

20世纪末,我国师范教育办学层次偏低,布局结构不合理。为了促进了教师专业发展的持续性,提高教师的专业水平和教育教学质量,2001年,我国发布的《国务院关于基础教育改革与发展的决定》提出,以终身教育思路为指导,将教师的职前教育、入职培训和在职培训统一起来,构建一个全新的教师教育体系,以满足教师专业发展的需求。2012年,《幼儿园教师专业标准(试行)》指出,幼儿园教师是履行幼儿园教育教学工作职责的专业人员,需要经过严格的培养与训练,具有良好的职业道德,掌握系统的专业知识和专业技能。作为专业性极强的群体,幼儿教师需要持续不断的专业学习和专业发展作为支撑。2018年,《教师教育振兴行动计划(2018—2022年)》提出,要办好一批高水平、有特色的教师教育院校和师范类专业,健全教师培养培训体系。同年,《中共中央 国务院关于学前教育深化改革规范发展的若干意见》指出,要健全教师培训制度,实行定期培训和全员轮训。其目的在于统筹考虑教师教育资源和培养培训计划,以整合的教育模式来改变目前教师教育中的割裂状态。可见,在当今知识爆炸、变化迅速的社会中,教师如果不能积极接受在职培训、满足职业生涯发展的需要,势必要遭受被淘汰的命运。教师培训能够促使教师根据时代趋势和教育改革的内在要求,顺应教育的发展趋势,有效规划职业生涯的发展,促进专业的成长,继而实现教育理想。

二、幼儿教师队伍专业建设的诉求

社会发展需要以及基础教育课程改革均对幼儿教师的专业发展提出了更高的要求。随着时代的进步、科学技术的日新月异以及终身学习思想及其实践的逐渐普及，人们对教师教育的认识也在逐步深入，越来越要求教师的工作应该同医生、律师和工程师一样是一种专门性职业。自1966年联合国教科文组织确认和鼓励教师为专业以来，知识的增长速度越来越快，教育内容越发变得博大精深，教学方法更是与时俱进，教育目标也已日趋准确和精细化，因而教师工作已经成为一种专门职业，"教师是一种专业"的观念也已得到绝大多数人的认可。而教师的职后培训则被视为促进教师职业专业化的重要途径。通过参加培训，一方面，幼儿教师的专业知识与能力得到丰富和深化，不再停留于职前培养阶段所获得的学科知识和专业技能，能够更好地将培训中所学的理论和自己的教学实践相结合，运用理论分析实践问题。另一方面，幼儿教师通过参加培训，可以吸收先进的教育思想，了解国内外学前教育最新的发展动态，更新教育理念、教学方法等，使自身能够更加充分地应对社会发展和教育改革对教师高要求的挑战。

在过去十多年中，为了破解"入园难、入园贵"的顽疾，党和政府组织了多期学前教育行动计划，实施了一系列国家、地方学前教育重大工程项目，大力推进学前教育普及普惠，学前教育的规模得到了迅速扩大，教师队伍也得到了扩大。如把2011年和2021年做对比，2021年，全国普惠性幼儿园（包括公办园和普惠性民办园）达到24.5万所，占幼儿园总量的83%，其中公办园12.8万所，比2011年增长了149.7%。教师队伍人数比2011年增加200万人[①]。教师队伍规模的扩大，使得幼儿教师队伍整体呈现年轻化的特点，还有相当部分教师是非学前教育专业毕业的，未经过系统的学前教育专业理论的学习，对幼儿教育和幼儿教师职业的认识仅仅停留在感性经验层面，教育信仰、知识结构和教育能力都有待进一步提升。因此，对幼儿教师进行培训，不仅是终身教育发展的需求，也是目前教师队伍急迫需要关注的问题。

在过去学前教育规模扩大的几年中，高校学前教育专业的生源质量也有所下降。20世纪90年代之后，随着学前教育规模的不断扩大，我国逐渐形成了以专科层次教育为主体，本科和研究生层次教育为补充，幼儿师范专科学校、师范院校、综合性大学、职业院校共同参与的多元化、立体化幼师培养体系。其中，本科及以上毕业的教师占比较低，高职和高专毕业的教师占比较高。高职、高专学前教育人才培养错误地将应用型人才培养理解为技术化人才培养，培养出来的教师综合素养不足。

---

① 洪秀敏，朱文婷，张明珠.高质量发展背景下普惠性幼儿园提质增效的挑战与变革[J].北京师范大学学报（社会科学版），2023(1)：70-76.

再者,我国现有的学前教育专业招考制度,导致相当部分学前教育专业学生并非出于喜爱学前教育或学前儿童而选择这个专业和从事幼儿教师职业,出现了随着学前教育质量的要求不断提高,学前教育专业生源质量却明显下降的现象。因此,除了提高师范专业设置门槛、加大对师范专业支持力度、对师范生招生予以倾斜外,幼儿教师的职后培训显得尤为重要。构建系统化的职后培训体系,可以加快幼儿教师职业发展的成熟化进程,幼儿教师能更加强化职业道德、丰富专业知识、提高专业技能,从而重塑专业自我,达到自我实现的需要,进而促进学前教育的可持续发展。

第二节 幼儿教师职后培训的问题

一、培训机会失衡,时间安排不合理

目前,幼儿教师职后培训中,公办幼儿园教师所占的比例远大于民办幼儿园。在同一所幼儿园中,不同层次的幼儿园教师获得职后培训的机会也大不一样,往往是幼儿园园长或骨干教师有更多机会参与职后培训,尤其是高级别的培训。在园本培训中,一些幼儿园的培训经常会挤占教师的下班时间,如周六周日,往往这种培训安排会遭到教师们很大的情绪抵触,比较影响培训效果。幼儿教师的培训基本是以短期培训为多,这次培训与下次培训之间的相关度不是很高,这一方面让幼儿教师没有充分的时间去消化吸收培训所学习到的内容,另一方面也会让教师觉得培训缺乏针对性,从而失去对培训的兴趣。我们曾经对已经毕业的578名学前教育专业学生的职后培训进行调查,在关于职后参加培训的最长时段的选择上可以看出,教师培训时长都相对较短。其中,"1~5天"选项被选择了168次,占比29.07%,"一周"的选项被选择了222次,占比达到了38.41%,紧随其后的是"一个月"的选项,被选择了106次,占比18.34%,而"一学期"和"一年"的选项则分别被选择了56次和26次,占比9.68%和4.5%。这表明,许多人在职后参加的培训往往是短期、集中式的,长期、持续性的职后培训在教师队伍中较少。

二、培训内容缺乏针对性

长期以来,我国教师专业培训的形式是自上而下、专家对教师进行培训。教师始终是被动地接受培训,缺乏选择教育内容的自主权。因此,教师的专业培训内容往往难以对接教师的期望与需求,这不仅使得教师的专业发展达不到预期效果,而且使得教师丧失了学习的自主性。由于每个教师所处的发展阶段不同,刚入职的教师期待能尽快适应环境,成熟型教师关注教育理念的变革,专家型教师关注的是专业的发展规划。再加上每个教师的年龄、学历、职称、个性、特长等都不一样,粗放型、规模化的培训就无法满足教师多样化的专业发展需求。

从培训内容和课程设置方面看,目前,中央到地方各级教育行政部门都对幼儿教师培训和继续教育的培训内容、课程设置、培训学时等做了具体指导和要求。根据这些要求,目前的培训内容以社会主义核心价值观、幼教前沿理论、相关法律法规、学前专业知识、专业技能、科研能力等为主。学习这些内容有效提升了幼儿教师

队伍整体素养,但仍以知识传递为主,注重传递宏观政策、理念、理论知识、技能等,难以解决教师教育教学实践难题。不同课程培训之间的内容缺乏一定的衔接性,造成了有些时候培训内容的不断重复。另外,不同教龄、不同发展阶段的幼儿教师对于职后培训的需求存在很大差异。年轻教师更关注实践性的学习,而工作多年、教学经验比较丰富的教师则倾向于专业理论的提升,但目前的职后培训则缺少有针对性的分层培训。因此,需要赋予教师专业发展的自主权和选择权,让教师根据自身需要自主选择各种培训项目,由"被培训者"转变为主动的学习者,让教师自主规划个人的专业发展。同时,政府、大学等领导机构和培训机构应由专业发展的提供者转变为专业发展环境的培育者。

三、培训形式单一,缺乏灵活性

丰富、多元的培训形式有助于实现培训目的,增强培训的实效性。目前,幼儿教师培训大体上可以分为机构培训和园本培训两种模式。机构培训主要由高等师范院校、党校等专门的培训机构承担,具有强制性和持续性的特征,他们每年都会举行定期的培训。培训包括专家讲座、参与式培训、现场观摩等,这类教师培训的覆盖面比较广,在促进我国幼儿教师专业发展方面承担了非常重要的角色。但是由于目前的培训课程主要由培训机构进行设计,培训者与教师之间缺乏沟通与交流,而且培训方式以理论学习为主,参观或观摩的机会很少,一般是在培训过程中抽出一天或者半天去幼儿园参观学习,从而导致教师既对理论学习缺乏理解,也对实践学习缺乏体验,失去了参加培训学习的积极性。园本培训是幼儿教师提升专业能力的重要途径,具有非常鲜明的问题导向和实践导向。由于不同幼儿园的发展基础不同,园本培训缺乏体系化的要求,因此没有办法对不同层次幼儿园、不同年龄、不同水平的教师进行同一个培训。对幼儿教师的调查显示,幼儿教师更喜欢动态的学习方式,比如进入优质幼儿园考察观摩、听优质公开课、进行案例讨论与分析等都是幼儿教师比较喜欢的培训方式。幼儿教师更期待能接受个性化的培训,与专家之间进行良好的互动与交流,以解决自己在教育教学中的困惑。

四、缺乏完整的培训评价体系

职后培训需要有效的管理与支持,这样才能保障培训工作有序开展并高效完成,第一是要保证培训课程之间的衔接性,第二是保证幼儿教师需求的契合性,第三是能够对教师的培训进行一定的追踪反馈,了解培训效果。但现实培训效果存在许多不足。很多幼儿教师表示,培训活动在开展的过程中,会有教师出勤率的考核;培训即将结束时,会有作业的考核。但是当教师回到单位后,培训到底有没有意义,就无从知晓了,上述考核不能反映出幼儿教师参与培训的实际情况。幼儿教师在培训过程中没有接受动态的指导与反馈,培训缺乏过程性考核与评价。因此,对幼儿教师的培训进行追踪调查,了解幼儿教师对培训的需求,建立从课程设计、课程实施到课程评价完成的课程体系,将会更好地促进幼儿教师的发展。

造成上述培训问题的原因是多方面的,一是培训的理念有待提升。很多培训机构将培训认为是单向传递的过程,即把培训视为给教师传递新知识、新技能、新理念的活动,认为知识是客观的、静态的,教师通过接受专家讲授的知识,就能提升自身的素质,改进教育教学行为。二是考虑到效率的问题,教师培训人数多、任务重,因此培训资金有限,客观上为具有投入少、规模化优势的单向灌输式培训提供了现实条件。三是专业性不足。无论是从事教师培训工作的培训者的专业性,还是有关教师学习、教师培训等理论的研究都严重不足,教师培训整体上还处于靠经验做事的阶段。

第三节　幼儿教师职后培训的策略

教师可持续发展是当前教师专业发展和教师教育改革最核心的理念之一,它既要求融通职前职后培训,帮助准教师顺利过渡,也要求在职教师能够结合实践经验不断实现自我提升。建构主义学习理论重视学习者依据自己的经验背景,以自己的方式,在与他人、情境等的充分互动中建构对知识的理解。教师培训活动本质属于一种交往活动、教学活动,其通过信息交流实现师生互动,进而实现共识、共享、共进。因此,幼儿教师的培训活动要关注教师的实践性需求,构建适合教师学习的职后培训体系。

一、丰富培训内容,构建与职前教育相衔接的课程体系

第一,培训内容与幼儿教师的实践需求相契合。教师教学的专业性不仅体现为教师拥有一套系统的科学知识,更体现为教师在复杂教育情境中能够做出专业的选择与判断,拥有丰富的实践性知识。教师不仅是技术熟练者,更是反思性实践者。以往,教师培训以知识传递为主,认为教师只要学习了新知识、掌握了新技能就可以胜任教育教学工作。根据实践—反思取向的教师观,我们要关注教师对教育的理解和反思。因此,培训要改变传统的纯学科知识、教育理论的学习模式,要向实践性较强、多样性、综合化转变。通过与一线教师交流我们发现,她们对于"实践性"学习内容的需求往往大于"理论性"的内容。比如,环境创设、儿童行为的观察与评价、学前教育研究方法、活动设计与指导等,都是教师们认为比较重要的地方。但是关于这些方面,一线教师们往往会提道:"专家们讲的我也明白,但是每次想期待学习更直接的、更深化的内容时,就没有了。比如对于儿童行为的观察,一般的培训就是告诉我们什么是观察、观察的方法有哪些,等我想知道到底这些方法在实践中怎么体现、什么情况下进行使用的时候,由于时间等各方面的原因,培训就结束了,每次的培训都比较表面。所以,我很期待能有面对面指导,进入好的幼儿园参与培训,以让自己的困惑得到真正的解决。"她们期待培训内容要突出幼儿教师普遍关注的幼儿教育教学热点,如幼儿园五大领域活动设计与组织、儿童行为与观察、教师理念与师德修养等,都是幼儿教师比较关注的方面。反思既是教师教育的内容,也是教师教育的方法。教育培训机构要转变教师的培训观念,使培训由传统的知识与技能的培训转向反思模式的培训,在规划设计教师教育课程时增加系统的反思思维课程与训练,培养教师的批判精神与怀疑态度,帮助教师将教育实践行动与研究反思相结合。

第二,职前教育与职后培训内容相衔接。职前教育与职后培训的割裂已经成为制约我国幼儿教师教育事业高质量、内涵式发展的重要因素。为了提升职后培训效果,幼儿教师的职后培训要结合幼儿教师的日常教学,构建教、学、研、训一体化的在职研修体系,依据教师专业成长的个性化需求,以教师的实践能力发展为主线将职前学习的知识及技能与职后的"现场"充分链接,促进教师从合格教师发展为专家型教师。所以,教师教育课程必须以教师专业能力为本,课程内容不仅要与时俱进、照顾教师差异化发展需求,更要考虑教师专业能力发展的进阶性和动力性。这就要求以教师的"专业能力"为核心构建课程框架,即建构能力本位的模块化课程。

二、从"灌输"走向"对话",创新多样化培训形式

多样化的培训形式可以满足不同水平幼儿教师专业发展的需要,丰富的培训形式能调动幼儿教师的学习兴趣,加强幼儿教师的学习内驱力,这样才能真正提高幼儿教师培训的效率,促进其更好地成长。传统的培训主要以专家讲座为主要形式进行,关注教育教学的普遍性原则和方法,忽视了教育教学过程的复杂性和动态性。在这个过程中,教师只是被动地接受学习,我们始终很难看见"教师"作为主体的影子,听不到教师的声音,教师失去了说话的权利,也失去了体验的机会,教师基本上是"照着说""照着做"。如果教师的生命价值和人格独立没有得到尊重,那么他们在教学中就难以实现自己的生命意义和价值,就自然而然不懂得尊重儿童人格的独立与尊严,也就不会站在平等的视角与儿童对话,而是以真理的化身、绝对的权威出现在儿童生活中,使我们的教育中到处充满着对儿童生命的忽视和尊严的践踏。

在走向"对话"的教师培训中,培训者与参训教师是地位平等的主体,培训者与教师平等交流对话,了解他们的疑惑和困难,引导教师紧密结合自己的教学实际,深入地进行研讨和思考,积极探索参与式等有效的培训方式,提高教师理论与实践相结合的能力。因此,走向对话的教师培训要创新多样化的培训方式,将参观观摩式、实践操作式、案例分析式、专题研讨式、讲授式等培训形式综合起来,形成一个理论与实践相结合的职后培训体系。在有效的培训过程中,幼儿教师能更加强化职业道德、深化专业知识、提高专业技能。在对幼儿教师的调查研究中发现,参与式培训和合作学习是教师们比较喜欢的方式,说明教育实践中的互相学习和相互评价对提升专业水平有重要作用。听报告、讲座虽然被一部分教师认为是有帮助的,但认可度相对较低,表明这些传统的培训方式在某些方面已经不能完全满足现代教师的需求。因此,教育机构和组织应该更加注重实践和互动性的培训方式,让教师从培训的"局外人"转变为"局内人",提升幼儿教师的积极性与主动性,给予教师分享交流经验的机会,促进教师对自己的经验、行为、决策及结果进行深刻思考与批判性分析,在培训中逐步提升反思意识和反思能力。

三、关注教师的学习需求,注重教师的参与与体验

教师培训的目的是为幼儿教师的自主发展创设良好的氛围,奠定良好的基础。因此,教师培训若想提升培训效果,就必须关注教师的主体性,关注教师的学习需求。首先,为了增加幼儿教师职后培训的机会,政府部门以及相关培训负责单位首先要增加职后培训的类型,如幼儿园园长培训、幼儿骨干教师培训、新教师培训和转岗教师培训等。其次,要丰富职后培训的层次,不管是哪一层次的培训,都要给予每一位教师公平的培训机会,让每一个教师都有机会"走出去"学习并接受新的知识和理念。再次,依据教师入园年限和专业化水平进行分层培训。幼儿园要采用"请进来"和"派出去"的方式,对本园教师进行培养和培训。"请进来"主要是请知名幼儿教育专家到幼儿园做讲座和入园指导。"派出去"主要是给教师外出培训的机会。最后,还要充分考虑不同性质、不同等级的幼儿园教师的不同需求,满足不同层次、不同水平幼儿教师的差异化需求。同时,要合理安排培训时间,尽量将培训安排在寒暑假期间,将短期培训与长期学习相融合,做到劳逸结合。通过职后培训,幼儿教师可以在专业知识、专业能力、专业情感三方面得到综合提升,可以提高个人教书育人的能力,进而提高自我效能感。

教师专业发展阶段理论也揭示了处于不同发展阶段和水平的教师所面临的发展任务和关注的学习内容都是不一样的,因此,幼儿园教师的专业发展在本质上应该是一个由教师自己主宰的主动学习与自我发展的过程。然而,教育行政部门在组织与实施各级各类幼儿园教师专业发展活动时却忽视了这一点,结果导致大部分活动最后只是流于形式,未能真正有效地促进幼儿园教师的专业发展。只有承认幼儿园教师之间的差异,允许他们根据自身的专业发展现状,寻找并选择相关的学习资源,灵活地安排适合的学习方式,主动地监控、调节和反思自己的学习过程,才能真正帮助其实现专业成长,即只有促进幼儿教师内在发展动力,才能最大限度地满足教师多样化的学习需求,保证其专业发展更具针对性和有效性。

四、建立系统化、制度化的幼儿教师培训体系

我国幼儿园教师培训以"一对多"的专题讲座、观摩教学等形式为主,并没有专业培训人员对幼儿教师进行后续指导,培训缺少教师实操环节以及后续的跟进,这使得教师主体地位被忽视。幼儿园教师培训应注重幼儿教师的主体角色,充分激发一线幼儿教师的积极性,及时处理好幼儿教师培训中的疑惑与求知欲,保持其较高的专业发展内部动机,充分发挥一线教师的资源与优势,推动一线幼儿教师成长为"研究者",提高幼儿园教师培训成效。

加强职后培训的规范性,建立完善的培训管理体系。幼儿教师职后培训的重点是对培训过程进行监督,对培训成效进行后续跟进。政府需要发挥主导作用来建构幼儿

教师职后培训评估机制,幼儿教师培训单位要建立一套系统的监督和评估体系。后期考核追踪的是幼儿教师接受完培训的所学所得。职后培训的考核是对幼儿教师学习成果的检验,只有科学有效的职后培训考核方式,才能反映出幼儿教师培训的学习状况和真实效果。只有将动态的过程性评价与阶段性的总结性评价相结合,才能对培训目标、培训内容以及培训方式设置是否合理有正确的反馈。每一阶段培训结束后,培训机构可以通过自评、组评、园评的方式对参加培训的教师进行评价,指出其进步之处和不足之处,最大限度发挥职后培训的作用。

第八章

"高校-幼儿园"教师共同体建构与幼儿教师专业发展

第一节　教师共同体的特征

随着教育改革的不断推进,教师的学习方式开始由个体学习、个体实践向集体学习、集体实践转变,建立教师共同体,推动教师专业学习与发展也成为我们关注的焦点。教师共同体的构建体现了教育理论与教育实践的结合,可以促进高校与幼儿园的共同发展,最终达成双方互利共赢的局面。

一、"共同体"的特征

情境学习理论认为,学习并非是个体内部的简单建构,而是一种社会性的活动,知识的产生以情境为基础,是个人与情境互动的产物,并不是完全的累积过程,而是包含"参与"与"实践"的过程。1887年,德国社会学家斐迪南·滕尼斯在《共同体与社会》一书中提出"共同体"一词,认为共同体"是一种持久的和真正的共同生活,是一种原始的或者天然状态的人的意志的完善的统一体"。随着时代的变迁,共同体的概念逐渐衍生学习共同体、教师专业发展共同体、实践共同体等一系列概念。1991年,情境学习理论的代表者莱夫和温格出版了著作《情景学习:合法的边缘性参与》,从人类学的角度对知识进行了阐述。他们认为,知识具有情境性,既产生于真实的情境中,同时也只有在真实情境的应用中才可以被获得。同时,知识具有社会性,是在个体与和社会环境的互动中产生的。在此基础上,他们提出了情境学习理论的核心概念——实践共同体[①]。1998年,温格在其著作《实践共同体:学习、意义和身份》中指出了实践共同体的三个重要特征:"共同的参与、共同愿景及共享的知识库"。共同的参与意味着成员彼此之间的互动与交流,共同愿景意味着成员拥有共同的目标,而共享的知识库则指的是参与者在追求共同事业的过程中所发展出来的共享资源。

(一) 共同的参与

温格认为,一个实践并不产生于抽象中,而是在动态的交往中形成的。实践共同体不是简单的群体成员的组成,而是一个具有特定社会情境和自身文化传统的组织。"成员之间通过共同投入与参与的活动而形成非正式团体,成员之间通过持续的互动,分享利害与共的事情,探讨共同的问题,以获得深入该领域实践的知识和专

---

① 莱夫,温格.情景学习:合法的边缘性参与[M].王文静,译.高文,审校.上海:华东师范大学出版社,2004.

业。"没有成员的共同投入与参与,就不会形成真正意义上的共同体。在不断的参与中,共同体成员获得具有真实意义的身份,最终所有成员在这一共同追求的领域内因持续不断的相互作用而促进自身专业发展。当然,共同体成员参与学习的方式多种多样,如共同体中新手向专家、熟手的学习,新手与新手之间的交流、讨论及协商等。莱夫和温格称该过程为"合法的边缘性参与"。"合法的边缘性参与"指出了学习者在适应共同体文化的过程中不断进步,从一个共同体新成员成长为某一行业的熟手乃至专家型成员。刚入职的新手得到共同体成员的认可从而具有合法性地位,从边缘性工作做起。随着个体经验的积累,他们会不断获得更多的实践机会与学习机会,逐步发展成为成熟的、可向别人做示范的核心成员。在这个过程中,不同的成员起点不同,对实践活动能够作出的贡献也各不相同,但是他们都共同参与到实践之中。团队核心人员为新手进行示范和辅导,新手们通过观察与参与不断深入实践,在自身得到发展的同时,也为共同体注入了新的经验,使共同体发生着更新与改变,从而保证共同体之中的学习始终是一个动态的、多元的过程。

(二) 共同愿景

共同愿景指实践共同体不是简单地把许多人组合起来为同一个任务而工作,只有当成员们通过学习沟通、交流讨论、资源共享建立了互相学习、互相影响的关系的时候,实践共同体才得以形成。在运行过程中,其成员拥有共同的信念,以共同的事业为目标。需要注意的是,共同愿景首先得到了共同体成员们的共同肯定,成员们发自内心遵循共同的愿景,自觉承担共同体的责任与义务。而且,这个共同愿景是成员们集体协商的结果,在共同目标的指引下,共同体成员共同努力,协同工作,共求发展,共同达成培养人才的目标。拥有不同个性特征与价值观的成员之间彼此学习与讨论、相互探究与协作,不断深化自己在共同体中的地位与角色,逐步认同、内化共同体的规范和价值观念,进而对共同体产生强烈归属感,从而促成共同体文化的建立。

(三) 共享的知识库

情境学习理论认为知识不是静态的,而是在与环境的互动中得以发展的。为了促进共同体成员长期参与,温格在他的书中提出"共享的智库"这一概念,即"长时间追求共同事业而在共同体内所共享的一整套资源,包括语言资源(如用语、专业术语、问候模式等)和非语言实践(如行动方式、惯例、工具、经验、态度、概念等)等"。这些能够在共同体内被共同享用的资源,反映了成员共同介入的历史,也将在后续的实践中被反复利用。所以在共同体中,参与者共享他们对该活动的理解,并在此过程中形成一套共享的资源。在共同体的不断发展中,共享的知识库也不断发展与应用,进而成为这个共同体中实践的一部分。共享的知识库随着共同体的发展不断进行更新,并反映共同体的实践发展过程。与此同时,不同思想、不同背景和不同基础的成员创造了一个复杂的学习环境,通过共同的参与共同事业,共同体成员以真实的情境和良好的互动作为基础,共同探究实践中的各种现象和问题,不断产生思想的火花,并提高解决问题的技能。在此过程中,共享的资源不断产生。而共享的资源规避了个体视角、思路等因素的限制,实现了个体之间的资源互补,使每个个体都得到更多的专业发展资源,得到更好的发展。

二、教师共同体的特征

教育的本质是实践,教师教育需要不断与教育现场相结合,才可以促进教育理论与实践更好地融合。情景学习理论中"实践共同体"的提出,提供了职前教师培养视角。教育理论和教育实践相脱节的问题是目前教师教育所面临的困境,如何实现理论和实践的对接也一直是教育研究者和实践者讨论的热点。如果将职前教师的培养纳入由高校教师和一线教师共同组建的"实践共同体"之中,构建"教师教育共同体",让职前教师以"新手参与"的方式,在真实的实践场域中学习、共同发现实践问题、解决实践问题,可以更好地改进传统的教育理论和实践难以衔接的现象,更好地促进教师的专业发展。学习者通过与专家及同行的互动及交流,不断深刻理解专业知识,掌握专业技能,增强在共同体中的影响力。专家型教师自愿和新教师分享自己的经验,新手教师自由表达内心想法,每个人都积极地参与到团队建设之中,并在此基础上逐步树立明确的信念,实现对共同愿景的追求。从这个意义上,教师教育共同体促进了团队中每个成员的成长,为团队成员提供精神支持与源源不断的动力支持。

(一) 多元化主体相融合

教师教育共同体由高校教师、一线教师、职前教师共同构成。它以共同协商为基础,以共享共进为目的,把职前教师、高校教师和一线教师组织起来,建立深层合作交流的工作平台。这个关系网不仅涵盖高校教师与中小学、幼儿园教师的关系,一线教师与职前教师的联结关系,还有职前教师与职前教师之间的合作学习关系。共同体成员依照共同目标共同合作、共同探究,高校教师与一线教师互相学习,同时一起带动职前教师运用教育理论重新审视教育实践,与此同时提升教育实践的专业化水平。在这个过程中,职前教师是积极的参与主体,他们从"边缘性参与"开始,以实践问题为基础,与团队的核心成员平等沟通、充分交流、不断反思,最终在参与的过程中习得丰富的教育实践。他们的学习过程既有着对核心成员的经验模仿、对组织文化的认同,也有自己不断的探索、反思和创新。而且恰恰由于教师教育共同体中不同教师的知识基础、能力、兴趣、教育理论与实践经验等不同,共同体反而内生出创造性资源,教师之间会因共同参与而进行充分有效的沟通,消解质疑,达成共识,以促进彼此的共同成长。这种方式的学习不仅促进了职前教师的成长,更重要的是为高校教师和中小学、幼儿园等一线教师提供了更加丰富的视角,不但促进了共同体目标的达成,也促使成员之间的关系更加紧密,使得共同体朝更稳固的方向发展。

(二) 以"教育实践"为核心,构建共同体的组织愿景

教师教育共同体不是简单地把一群不同层次的教师聚集在一起,促进其深度合作的要素之一就是要有共同愿景,也就是"实践共同体"所有成员必须拥有一个共同的关注点,须通过持续不断的相互作用来发展自己的知识和专长,最终共同致力于解决一组问题。"高校与中小学幼儿园的合作实践并不仅仅停留在一起'坐而论道',而在于共同'起而践行',他们主要的关注点在于如何应对和解决教师教育实践中的现实问题和困难。"因此,教师教育共同体就必须以"教育实践"为载体,促进共同体成员构建反思教育理论,并在此基础上深刻地理解、灵活地分析和处理教育实践中的各种问题。因此,在真实的教学实践情境中产生真实的"实践问题"是职前教师、高校教师和中小学、幼儿园一线教师所共同面对的研究课题,在此过程中,职前教师不再只是课堂教学的旁听者,而是在实践中学习、在实践中反思,进一步理解并建构教育教学理论,使教学内容和教学过程更丰富和生动,不断提高教育教学能力,开展教育教学实践。中小学及幼儿园教师在此可以解决教学工作中遇到的问题,解决他们面临的教育疑惑,也促使其成为一个研究者和反思者。而高校教师则通过实践研究使建构的教育理论有了更坚实的现实基础。而在此过程中,职前教师、高校教师、中小学和幼儿园一线教师共同观察教育现象,梳理教育问题,改进教育实践,进一步加深彼此的信任,促进共同体的创新与发展。

(三) 以"融合和共生"为理念,构建共同体的文化环境

在传统的高校与中小学、幼儿园的合作中,沟通往往是单向度的,两者难以找到共同发展的契合点,因此,无论是在职前教师培养还是在其他合作中,高校教师和一线教师都处于被动的状态。特别是一线教师,甚至会觉得接纳职前教师在教育现场的学习是对他们正常教育教学秩序的打扰。因此,要促进教师教育实践共同体的稳固发展,就要建立以"融合和共生"为理念的共同体文化。首先,共同体成员地位的平等是教师教育实践共同体文化的基础,职前教师、高校教师与一线教师虽然在共同体中的地位、基础与兴趣不同,但是他们有着共同的目标和使命,因此共同体中的学习要在相互尊重的基础上协商而来。其次,共同体成员的沟通与信任是共同体文化发展的核心,共同体并不是一个以权威成员为中心的组织,思想的沟通、心灵的交流和彼此的信任才是文化发展的动力,所以,建立畅通的沟通机制,让所有教师都能通过共同探究实践问题来更深层次地理解教育教学实践规律和理论基础是非常重

要的;最后,"共生"是共同体文化的目标。实践共同体的目标是促使共同体中的每一个成员得到发展,因此教师教育共同体要围绕教育实践,使高校教师、一线教师和职前教师的利益都能得以实现,实现共享、共生、共进。只有这样,他们才能保持持续参与的积极性,才能促进共同体的长远发展。

(四)以共享为目的,构建共同体的资源库

"融合和共生"的共同体文化以共享资源为基础才能得以建立和发展,每一位共同体成员的目标能够实现,是共同体能够长远发展的条件。因此,建构共享资源库,是加强成员对共同体认同感的重要方式。共同体成员在共享教育资源的同时,也会不断地为共同体注入新的思想、新的技能、新的文化等,而这些思想、技能、文化经过融合与发展,又会成为共同体资源的一分子。在资源共享的基础上,教师的视角、思维将会更加开阔,教师们将不断产生智慧的火花,发挥合力,加强凝聚力,注入创造力,实现共同成长。在此过程中,新教师从新手走向成熟、从边缘走向核心,而共同体中的核心教师也需要学习,他们与新手教师协商互动、参与共同体实践,从而巩固自己的成员身份。同时,共同体组织可以集中优势,因此,共享是教师们实现个人目标、共同成长的基础,教师们的共同成长又将促进共享资源的不断产生。共同进取、共同成长是教师教育共同体建构的最终目标,共享资源是教师共同发展的保证。

(五)以共同发展为目的,构建共同体的运行保障机制

在运作的过程中,共同体往往会出现凝聚力不够、沟通不畅、目标不一致、评价体系不统一等各种现象,这往往是因为评价机制等导致共同体成员在其中难以找到身份认同,付出难以得到认可。而"身份是人外在形象的社会、文化和历史的特征,建立身份认同的过程即是对共同体成员的经验进行意义协商的过程"。因此,为了促进教师教育共同体的发展,同时给予教师合法性地位,共同体组织需要建立教育行政主管部门认同的组织。同时,为了促进教师教育实践共同体的良好运作,高校教师、职前教师和一线教师需要任务明确、权责分明,这都需要发挥政府的统筹作用。通过政府的沟通与衔接,高校与中小学、幼儿园可以搭建合作平台,建立统一的评价机制,促进教师更好地发展。

第二节 "高校-幼儿园"教师共同体的建构

一、高校-幼儿园教师共同体构建过程中面临的困境

学前教育专业是一个实践性很强的专业,目前,很多高校为了提升专业人才培养质量,促进教育理论和实践相结合。高校教师与幼儿园教师不断展开合作,组建教师共同体已经成为常态,但是在现实操作中仍然存在很多问题。

(一)合作松散,缺乏共同愿景

第一,两个群体的文化基础不同。在情境学习理论的视角下,虽然共同体成员的想法、行为方式各有不同,但是却拥有对共同体价值规范的认同。"团队成员不是因为某项活动临时聚在一起的,该团体的成员具有共同的文化与历史继承,有共同的目标、信念系统和实践活动"。但是由于高校教师习惯从概念和理论入手,喜欢追求实践背后的原理和本质;幼儿园教师习惯从方法和技能入手,侧重于解决教育教学所面对的实践问题,导致目前大多数高校与幼儿园构建的教师共同体缺乏共同愿景,从而难以实现深度合作。

第二,两个群体参与共同体的出发点不同。高校教师参与到共同体之中,主要是希望借助幼儿园的实践场地收集数据和案例,为课题研究提供实践支撑。对幼儿园教师而言,他们希望通过参与教师共同体,解决自己教学实践中面临的困惑。如果在现实生活中,这两个出发点能够吻合,那么共同体的建设就相对稳定一些。但是如果相反,共同体发展就缺乏延续性。

第三,两个群体的评价机制不同。在现有评价制度的约束下,高校教师想要获得职称晋升、在自己的研究领域得到认可,研究理论成果和论文发表是重要指标。因此,高校教师往往将工作的重心放在理论研究和发表学术论文上,深入幼儿园实践的目的更多是基于课题研究和学术论文的需求。同样,在幼儿园教师的评价指标中,教师的教学效果是关注的重点,而教师承担课题、课程改革等方面的要求占比低。这也就造成高校教师与幼儿园教师双方在合作中追求的目标不统一,共同体的发展在本质上也难以推进。从这个角度上看,建立一套完整、科学有效的评价体系也是促进"高校-幼儿园"教师共同体发展的重要方式之一。

(二)两个群体成员缺乏互动与交流,难以实现共同成长

情境学习理论视角下的共同体主张通过共同的参与、互动与交流建立起成员之

间亲密的关系,并形成共同的信念。但是在目前的教师共同体中,共同体的参与性往往很难实现。

第一,群体内部缺乏协商氛围。情境学习理论除了强调共同的信念和目标,也强调成员之间不同种声音的表达、营造包容和开放的环境氛围。但是在现实操作中,高校教师与幼儿园教师经常处于地位不平等状态,严重影响两个群体的沟通与交流。在大多数高校教师与幼儿园教师的合作中,高校教师基本处于指导者的地位,幼儿园教师也习惯将高校教师视为专业权威,不敢表达自己内心的想法。这就造成共同体内部缺少合作共享的氛围,两个群体难以达成真正的理解与沟通。

第二,群体内部缺乏新手教师成长路径的规划。情境学习理论很好地描述了共同体的成员如何从一个初级学习者成为共同体核心成员的过程。共同体的新手教师通过向专家型教师学习、与同伴进行互动交流而不断成长,逐步成为共同体的核心成员,进而指导其他的新手教师。每一个共同体成员都必然要经历从初级学习者到专家学习者、从初级研究者到高级研究者的身份转变,从而实现自身的专业发展。目前,大多数教师共同体很少关注新手教师的想法,基本上以专家型教师的想法和意见为主,新手教师多是一味跟随和被动接受专家型教师的想法,因此,久而久之,新手教师会觉得自己的价值无法实现而失去参与兴趣。

第三,缺乏交流合作的保障机制。高校与幼儿园合作共同体的本质是要搭建一个平等对话的平台,但是由于缺乏保障机制,共同体成员之间的交流深度不够,主要表现为幼儿园教师配合高校教师开展一定的课题,同时指导高校的实习与见习工作,高校教师对幼儿园教师进行一定的课程培训,除此以外,交流的项目非常少。所以,常常可以看到,高校教师和幼儿园教师合作很不稳定,成员缺乏信念,这往往是观念和价值观不一致导致的。

(三) 高校与幼儿园资源封闭,难以实现资源共享

按照情境学习理论对共同体的理解,知识库的共享也是其重要特征之一。因此,"高校-幼儿园"教师共同体的建立,一是要拥有共同目标,二是合作双方共同参与,那么第三点就是"参与者共享他们对该活动系统的理解"。这个过程中,知识、思想、价值观、教育理念、实践、资源都是共享的一部分。但是由于高校与幼儿园、高校教师与幼儿园教师群体的差异性,共享性难以实现也是目前存在的问题。

第一,思想与教育理念难以实现一致性。"教师进入一个实践共同体不仅意味着去适应一种新的工作,还意味着适应一种新的文化。"高校教师关注理论研究,但是幼儿园教师参与理论研究的积极性比较低;高校教师关注现象背后的本质,幼儿园教师关注具体现象的研讨;高校教师喜欢建构模型,幼儿园教师喜欢鲜活的案例。可以说,高校教师和幼儿园教师在知识、价值观、教育理念等方面都存在很大的差异,这使得共同体的共同愿景和共同文化的建立存在很大的困难。

第二,实践资源难以整合。根据情境学习理论的视角,幼儿园可以是高校的实践场地,高校的图书馆、各类课程可以是幼儿园的学习场地。但目前,高校教师和幼儿园教师的合作研究在资源的利用方面仍然没有开放。对于幼儿园而言,开放幼儿园的资源主要表现为幼儿园配合高校的见习和实习工作。在这个过程中,幼儿园教师往往将其认为是额外工作的一部分,对高校的实习和见习工作也缺乏热情,影响高校人才培养质量的提高。对于高校而言,开放资源主要就是对幼儿教师进行一些培训,但是高校的图书馆、课程之类的有形资源并未和幼儿园实现共享。

三、"高校-幼儿园"教师共同体建立的有效途径

(一)求同存异,树立共同发展的合作理念

第一,实践是共同体建立的核心。"教师教育是一个复杂的实践领域,一个优秀的共同体应当是一个有能力回应广泛的成员需要、解决他们在日常生活中遇到的问题和困难的共同体。""一个优秀的教师必须对各种实践是精通的,以证明他能够作为专业共同体成员参与各项事务。"传统高校教师与幼儿园教师的合作,大部分仍然是理论与实践两张皮,其原因就是两个群体没有统一的发展目标,特别是高校教师缺乏从实践中发现问题、研究问题的实践精神,双方虽存在一个群体之下,但是追求的利益和期望的结果不同。建立"高校-幼儿园"教师共同体首先就应以实践为核心,加强教师对共同体的认同感和归属感,通过实践促进两个不同的教师群体形成共识、加强凝聚力,从而推进共同体的构建和运行。在这个过程中,两个教师群体应以实践为中心,共同开展项目研究,同时加强互相参与,即幼儿园教师介入高校的人才培养之中、高校教师进入幼儿园的教育教学之中,在实践中实现价值追求的一致性。

第二,求同存异,促进高校教师与幼儿园教师两个群体的文化交融。这就要求高校和幼儿园教师相互理解、彼此接纳,从不同的角度去认识教育实践,并吸收他人所长。一方面,高校教师回归到幼儿园教育的实践中,深切感受和理解学前教育的本质,在丰富理论知识的同时促进对实践的理解和感悟。另一方面,幼儿教师提升理论素养,进而能够从更新的视角去观察儿童,反思教育实践的现状,在实践中构建教育理论,最终实现教育理论和教育实践的统一。

第三,以促进共同发展为目标。"高校-幼儿园"教师共同体建立的目的是促进每个共同体成员的进步,一方面促进高校教师实践素养的提高,另一方面提升幼儿园教师的理论水平,从而使双方从更高更广的角度去审视学前教育的发展,并在此过程中提升专业水平。

(二)以平等促进合作,强化合作内容,推动共同体成员的共同参与

第一,建立平等交流的氛围。高校与幼儿园教师应保持一种平等互助的伙伴关

系，改变传统的指导者与被指导者的关系。高校教师与幼儿园教师互相尊重、高度信任，彼此接纳、彼此学习，共同针对实践和理论中的问题提出自己的看法，形成平等融洽的良好氛围，建立真正意义上的教师共同体。

第二，扩大合作内容，促进团队成员的共同参与。传统的高校与幼儿园合作的内容主要限定在教育见习和实习方面，其他方面的合作比较少。因此，在"高校-幼儿园"教师共同体的建立中，我们要强化合作内容，通过活动促进成员的参与及共同发展。除了传统的合作内容，课题的共同申报、师范生的共同培养、幼儿园教育实践的共同探索、教师的互聘互访等，都可以是共同体成员合作的内容。通过合作的不断加深，共同体成员不断获得彼此的理解，自我成长就会得到促进。

（三）以共同体为平台，实现资源整合

第一，促进不同群体间思想的共享。高校教师具备扎实的理论基础及系统的专业知识，但是实践性不够，缺乏应对幼儿园教育教学的实践智慧。幼儿园教师具备解决实践问题的技巧和实践智慧，但是缺乏深入分析教育教学问题的能力，很少反思实践背后的本质。所以，双方教师都要从原有的思维中解脱出来，以合作内容为介质互相沟通交流，进行思想和观念的碰撞，从而达到文化的融合。这样，高校教师和幼儿园教师的专业素养都能得到提升。高校教师能够深化对实践情境的感知能力，并能够以此为基础促进高校人才培养质量的提升；幼儿园教师能够强化反思意识，能够透过教育问题的表面追寻本质。

第二，加强物质资源的整合。高校教师充分利用幼儿园的教育实践场地，了解幼儿园课程与教学改革的实际情况，并将幼儿园实践中的情境变化充实到学前教育专业的课程内容中，使教育理论和教育实践有机结合。同时，依托幼儿园的实践场地，高校也可以将学前教育专业学生纳入共同体之中，使本专业学生在教育教学的真实情境中学习，提高高校人才培养质量。同样，高校可以成为幼儿园教师提升自己专业素养的空间，高校学前专业的各种实训室、功能室以及图书馆等也是幼儿园教师可利用的专业资源。

第三，促进教育理念和实践经验整合。通过"高校-幼儿园"教师共同体的建立，幼儿园教师可以重返高校课堂，继续跟着共同体中的高校教师学习，有针对性地提升专业理论素养，不断获得新的教育理念，从而更好地促进幼儿园的教育教学质量。高校的专业教师深入幼儿园，了解幼儿园的实践需求，从而以此为基础展开研究，促进教育理论和实践的共同发展。目前，一些高校与幼儿园建立互聘互访制度，正式基于此出发点。

第四，共建教学资源库，优化线上线下混合式教学模式。能力为重是学前教育师资培养必须秉持的一个基本理念。学前教育专业教学承担着培养师范生专业实践能力的重任，这决定了专业课程的学习需要与幼儿园实践经验相联系、与师范生

情感体验相联动。因此,高校教师可与幼儿园教师共同合作,共同建立丰富的课程资源库,为学生提供个性化的学习支持,进而实现高效教学,高校教师、职前教师和幼儿园一线教师都能共享教学资源。任课教师在原有资源的基础上增加教学微课、电子教材、课程标准、学习任务单、学习评价单等,学生上传模拟教学视频、活动设计文本等进行资源共享,幼儿园教师则提供最新的幼儿园环境创设视频或图片、幼儿游戏活动视频、幼儿行为观察记录单等。另外,当前,很多幼儿园都有远程直播条件,高校可建立相应的远程观摩系统,师范生在课堂里可以观摩幼儿园游戏与教学活动,与幼儿园教师和幼儿进行在线互动,这将大大丰富课程资源,激发师范生的学习兴趣,优化线上线下混合式教学的效果。

(四)建立长效的合作保障机制

第一,签订"高校-幼儿园"教师共同体合作协议,明确合作目标与内容。随着共同体的建立、活动内容的不断增加,如互派教师、资源共享等,"高校-幼儿园"教师共同体的建立,可以明确高校教师与幼儿园教师的合作目标与内容,并为其共同参与提供保障,以保证双方在合作中的稳定性和延续性。

第二,建立促进共同体发展的评价机制,保证共同体成员的共同参与。实现教育理论和实践的结合一直是教育改革探寻的重要方向。如果没有高校教师与幼儿园教师的关系改变,人才培养的高质量提升就很难实现,因此,"高校-幼儿园"教师共同体的建立是教育改革的发展趋势。但是,如果在建立的过程中评价机制没有改变,那么"高校-幼儿园"教师共同体的延续性就会受到影响。所以,建立并完善共同体发展的评价机制是所有共同体成员投入精力的保证。

第三节 "高校-幼儿园"伙伴关系的建立

高校与幼儿园合作伙伴关系的建立中,一方面,幼儿园作为教育现场,将大量的实践资源带入教师教育领域,保证了教师培养的稳定性和持续性;另一方面,高校通过与幼儿园共同培养教师、为幼儿园提供专业服务实现教育科学的研究,促进了高校与幼儿园的共同发展。

一、"高校-幼儿园"合作伙伴关系建构的价值

合作伙伴关系的建立,促进了教育理论和教育实践的结合,也为高校与幼儿园的教师专业发展提供了更广阔的发展空间。

(一)高校与幼儿园的关系发生改变,从独立运行模式走向共赢运行模式

传统意义上,高校的主要组织功能是承担教师职前培养工作,幼儿园主要是学前儿童的学习与生活场所。虽然高校和幼儿园也有一定的联系与合作,如幼儿园会承担一定的教育见习与实习工作,但是彼此属于独立运行机构,两者之间没有更深层次的联系。当合作伙伴关系建立之后,幼儿园因其所拥有的实践资源逐步参与到高校的人才培养之中,而高校同样也会参与到幼儿园的教育教学和师资队伍建设中,对幼儿园教师的专业发展提供建议和帮助,这些都成为其职责所在。这不仅促使高校教师的科研方向开始向实践导向和问题导向转型,实现教学与科研的紧密结合,也使得一线教师的实践经验得到梳理、总结与提升,促进了教师的专业发展和幼儿园教育质量的提升。

(二)高校与幼儿园的组织功能发生改变,职前培养与职后培养紧密结合

首先,合作伙伴关系模式的构建促进了高校在人才培养模式、课程体系及课堂教学模式等诸多方面的改革。高校在人才培养模式上强化了实践能力的培养,在课程改革方面增加了实践课程与教师教育类课程的比重,课堂教学模式由传统的讲授式逐步向慕课、微课、反转课堂等实践取向的模式发展,在学习评价方面采取理论和实践双重考核的方法,并把幼儿园的实践资源引入教师的职前培训中。其次,合作伙伴关系模式的构建影响了幼儿园角色的转变。幼儿园不仅承担教育见习与实习

工作,而且还参与到高校培养方案制定与课程设置等工作中,并对师范生的实践学习进行指导和考核。其所拥有的实践场所、实践资源、优秀师资、实践活动等全部向高校开放。最后,由于高校与幼儿园具有合作伙伴关系,高校教师会向幼儿园教师提供专业服务,幼儿园的教师可以定时到高校进行学习与培训,高校的学生又会进入幼儿园进行实践学习,从而实现了理论与实践、理想与现实的有机结合。

(三)高校与幼儿园教师的工作模式发生改变,教学与科研紧密结合

在伙伴关系建立之前,高校教师主要在大学从事学术工作,注重概念的推理与理论的建构,较少关注具体现象及问题的解决。幼儿园老师主要的工作内容是学前儿童的保教,主要关注的是具体现象与问题,较少从理论的高度去反思教育实践。当合作伙伴模式建立后,高校教师的工作场所开始向幼儿园倾斜,在教育现场研究和发现问题逐步成为其工作的主要方式,为幼儿园老师提供专业咨询和服务也成为其工作的主要内容。与此同时,幼儿园老师的工作方式也随之改变,他们不仅关注学前儿童的发展,承担教育见习与实习工作,而且参与到高校的人才培养工作中,与高校教师组成共同体,共同促进教师教育的更好发展。

(四)高校与幼儿园的管理及评价体系发生改变,资源得到有机整合

一方面,高校与幼儿园此前属于独立的运行体系,分属不同的管理机构,当合作伙伴关系建立之后,势必需要有相关机构衔接高校与幼儿园之间的合作关系,并为彼此的深度合作提供支持和帮助。另一方面,合作伙伴关系的建立促使高校与幼儿园教师的工作内容发生了变化,如高校教师参与幼儿园的教育教学和师资培训工作、幼儿园教师指导师范生实习和参与高校人才培养工作等,都需要建立新的评价体系。在这个基础上,高校的教育资源和幼儿园的教育资源互相分享和整合,促进了教育从封闭性走向开放性。

二、高校与幼儿园合作伙伴关系构建的困境

虽然通过构建高校与幼儿园合作伙伴关系来提高教师的专业发展得到了普遍认可,但是伙伴关系建立的复杂性导致高校与幼儿园在实践操作中往往面临许多问题。

(一)合作双方缺乏信任与沟通

由于组织文化的差异,高校教师善于运用概念进行抽象思维,关注理论的构建与学术成果的不断突破。幼儿园一线教师喜欢从实践和实用的角度出发,关注教育

教学情境问题的操作性,把如何提高自身的实际教学能力作为工作的重中之重。这就导致高校教师和幼儿园教师面对同样的问题会产生不同的看法和评价方式,从而导致彼此并不互相信任。幼儿园教师认为高校教师拥有理论而缺乏对教育情境的了解,高校教师的培训不仅不能解决自己在实践中面临的问题,反而增加了自己的工作量。高校教师往往认为一线教师拥有经验而缺乏反思,不能从宏观的角度去分析和看待问题,难以实现理论的提升。这就在一定程度上阻碍了双方的交流,双方难以组成合作共同体,影响了伙伴关系的顺利构建。

(二) 伙伴关系的建立缺乏支持

合作伙伴关系的构建,一方面建立周期长,另一方面面临的问题比较复杂。这就需要教育行政部门的宏观指导和调控,并成立专门的机构提供组织保障,构建三位一体的协同培养模式,并建立相关的质量监控体系和激励体系,督促合作伙伴关系的建立。但是目前,高校与幼儿园伙伴合作关系的建立缺乏制度、经费、地方政府等各方面的支持,造成双方合作的表面化和短期性。在合作目标方面,双方缺乏共同愿景,高校与幼儿园的关系仍然比较疏离;在合作内容方面,我国高校与幼儿园的合作主要是幼儿园以实践基地的形式出现,承担了教育见习和实习工作,而双方在其他方面的合作相对较少;在教育评价体系方面,从幼儿园教师的角度来看,参与高校教师的人才培养工作,无法计入自己的工作量。同样,对于高校教师而言,参与幼儿园的教育教学工作、帮助幼儿园提高教育质量、提升教师专业素养也不在其工作评价体系之中,因此他们往往将教育合作看成是额外的工作,并不愿意投入过多的时间和精力。

(三) 合作双方地位失衡

目前,高校与幼儿园的合作主要是以高校为主导,高校主动向幼儿园进行靠拢,但幼儿园参与的主动性却不是很强。在部分幼儿园看来,与高校建立合作伙伴关系虽然会为幼儿园的教育教学注入新鲜血液,但会扰乱幼儿园的教育教学秩序,挤占教师的精力与时间,这导致高校与幼儿园之间的伙伴合作关系并不稳定,存在随时解散的可能。此外,受传统观念的影响,高校认为其所代表的学术知识优越于幼儿园的园本文化和实践性知识。于是,合作通常由高校掌舵,高校将幼儿园视作教育教学研究的实验基地,将一线教师及儿童视作研究中的被试,把握课程决策和评价的话语权,造成高校教师和幼儿园组织成员自然形成了指导和被指导的关系。

三、高校与幼儿园合作培养幼儿教师的形式

在传统的教师教育中,人们关注教育理论的构建,认为实践是对理论的应用,可

以通过加强理论学习来更好地指导实践,因此希望通过建构"普适性"的教育理论指导和改进教育实践。在这种教育模式下,教学和学习研究忽视了学校教育的真正情境。当这种教育弊端不断显露之后,人们开始从关注理论走向关注实践。高校与幼儿园也在不断展开合作与交流,尝试更好地促进职前教师教育实践能力的提高,实现教育理论和实践的互补和融合。目前,主要的合作方式有契约式合作培养和融合式合作培养,同时也存在许多问题。

(一)契约式合作培养

契约式合作培养是指中小学幼儿园与高等院校以签订合作协议的方式结成合作伙伴关系,进而培养人才的模式。高等院校提供一定的实习经费和理论,中小学幼儿园选择有经验的资深教师指导实习,高校主要承担监督和指导功能。在此过程中,高校教师的主要精力仍然在科研领域,幼儿园一线教师觉得实习指导工作干扰了他们正常的教学秩序,因此他们往往可以接受实习生听课,但是不太愿意让实习生真正地进入工作岗位及参与到教育教学工作中。因此,虽然目前我们不断在延长职前教师的实践时间,给予其更多的实践机会,但是职前教师仍然难以很好地理解理论和实践的互相融合,他们要么照搬理论,要么机械模仿一线教师的经验,以完成学校规定的任务、拿到实习鉴定为目的,难以达到预期目的和要求。

(二)融合式合作培养

融合式合作培养是指高校与中小学幼儿园在政府的协调下满足双方需求的人才培养模式。在这种模式下,高校教师可以进驻实践基地、接触实践问题,并以此为基础解决高等教育课程中所面临的问题,一线教师可以进入高校,进行专业发展所需的课程进修。在此过程中,职前教师可以承担幼儿园教师的日常教学工作,进一步促进自己实践教学技能的提升,但是这种学习缺乏对理论的深度思考,容易转变为技能化的经验模仿。我国对高校教师评价的主要依据是发表论文和科研成果的数量,对幼儿园教师的评价依据则是儿童发展,合作双方没有共同利益诉求,缺乏共同的关注点和研究领域,这导致高校教师与一线教师、一线教师与职前教师、高校教师与职前教师的关系都处于松散状态,高校教师与一线教师各司其职,教育与实践仍然处于分离状态。

以上这两种合作方式在某种程度上都有助于教师的终身学习,有助于帮助职前教师获得更多的学习机会和接触不同的教学情境,提高解决专业问题的能力。但是在这两种方式中,主体仍然是高校,一线教师的合作潜能没有得到很好的发掘。

四、高校与幼儿园建立合作伙伴关系的保障机制

（一）高校与幼儿园合作伙伴关系建立的文化保障

"平等"与"尊重"是合作伙伴关系建立的基础。在合作伙伴关系中，高校与幼儿园各自拥有其独特的价值。高校拥有丰富的理论资源，其教师的科学研究能力比较高，能够从宏观的角度分析教育现象及问题。幼儿园具有丰富的实践资源，其教师拥有对教育情境独特的感悟和体验。因此，只有在平等的关系中、在尊重的基础上，高校与幼儿园彼此深度交流与合作才能达成合作目标。一方面，高校教师应尊重一线教师丰富的教育教学经验以及其在此基础上建立起来的实践智慧。另一方面，一线教师应尊重高校教师的理论研究对实践应用的价值。双方要互相理解，并要保持绝对的信任，共同合作，共同进步。由于现实中的伙伴合作关系往往是由高校作为主导发动起来的，因此高校教师需要克服自身的文化强势，深入幼儿园的教育实践工作中，了解一线教师所面临的教育问题与困惑，帮助幼儿园提高教育质量。

"合作"与"共赢"是合作伙伴关系建立的目标。"在知识转型的背景下，大学、政府与学校合作的主要动力不再是自身利益诉求，也不仅仅是优化自身智慧，而是对于建构共同世界及文化的一种宽广的精神需求。"合作伙伴关系的建立，意味着高校与幼儿园彼此依存，在平等互惠的基础上共同面对问题、共同解决问题、共同获得发展，合作双方成为一个利益共同体，拥有共同的愿景。无论是高校教师还是幼儿园教师，都将因为双方的合作而衍生出新的价值观并拥有对新组织的归属感。这种发展需求既明确了行动的方向，也增加了高校与幼儿园教师对彼此的信任感与凝聚力，增强双方合作的主动性与积极性，有效地促进了教师教育质量的整体提升。

（二）高校与幼儿园合作伙伴关系建立的政府支持

加强地方政府的宏观指导和调控，发挥地方教育行政部门的作用。合作伙伴关系的建立，需要资源之间的调配，需要建立新的评价体系，需要对合作质量进行评估，而这些单靠高校或幼儿园是无法完成的。因此，要建立高校与幼儿园的深度合作，实现合作的持续性和稳定性，就必须充分发挥地方政府的调控作用，以为伙伴关系双方的合作提供保障和支持。我国从1999年颁布《中共中央 国务院关于深化教育改革全面推进素质教育的决定》开始，相继出台了《国务院关于基础教育改革与发展的决定》《教育部 国家发展改革委财政部关于深化教师教育改革的意见》等一系列文件，提出建立高等学校与地方政府、中小学（幼儿园、中等职业学校）联合培养教师的新机制。但是在各地教育的发展中，高校与地方政府及实践基地三位一体的协同机制仍然没有完全建立起来，地方政府在区域教育发展、资源支持、条件保障等方

面仍然没有充分发挥其作用。因此,高校与幼儿园合作伙伴关系的建立,要将地方政府纳入参与主体之中,发挥其统筹职能。

(三)高校与幼儿园合作伙伴关系建立的制度性保证

一方面,建立良好的管理体制,以制度化的形式明确高校与地方政府及幼儿园的责任。为了确保伙伴关系的有效建立,针对教育见习与实习、教育教学、科学研究等不同的合作领域,分别建立经费、人员、课程等各项管理制度,并以协同合作为依托,确保大学与地方政府及幼儿园明确各自的责任分工,使伙伴双方明确资源的分配,促使伙伴关系的持久性。另一方面,建立合理的规章制度,促进合作伙伴关系的有序发展。通过建立人员聘任机制、工作责任制、考核评价机制、教师管理制度等提高合作双方的积极性,并对合作质量进行监督和评估。努力使高校与幼儿园合作中的每个环节都有章可依,使组织管理走向规范化和制度化。

(四)高校与幼儿园建立合作伙伴关系的保障机制

传统高校与幼儿园的合作主要集中在教育见习与实习、课题合作及教育教学改革方面,其中,以教育见习和实习的形式居多,幼儿园主要是配合高校的工作。为了促进合作的深度进行,需要整合传统的合作形式,弥补文化差异,建立高校与幼儿园的协同培养机制,实现两者在人才培养、教师发展、科学研究、资源建设等方面的协同发展。

第一,高校与幼儿园共同负责课程的设计与管理,共同选拔、培训和评估师范生。幼儿园成为教师培养和专业发展的场所,整合优质实践资源并参与到高校的职前教师培养中来。高校的理论学习为学生专业学习建立基础,而幼儿园为师范生提供了稳定的实践场所,促进其教育教学的真实体验和教学技能的快速增长。从本科一年级就开始实行双导师制,从理论和实践两方面共同促进师范生的专业发展。

第二,高校根据地方教育行政部门对当地教育发展的统筹安排,发挥其学科、专业、人才、信息、视野等方面的综合优势,深入幼儿园开展教育科学研究、政策咨询,并将中小学及幼儿园发展中面临的实践需求及问题体现在高校的教育教学中,同时促进高校教育和幼儿园教育的发展,从而间接地提高地方教育的质量。"幼儿园充分利用高校优质资源,推动教师专业发展与提升教学质量;地方政府统筹建设地区教师队伍,规划当地教师数量与结构需求",这使得高校招生培养符合幼儿园教师需求,引领高校教育和幼儿园教育的同时发展,并带动当地教育质量的提高。

在"共同愿景指引、共享发展资源、相互协作促进、群体个体共赢"原则的指导下,"基于园校合作的幼儿教师学习共同体"的基本模式在持续探索中得以构建。该模式以提升幼儿教师的专业素养为发展目标,以幼儿园教学现场为活动基地,以成员的民主平等为参与规则,以幼儿园保育教育活动为内容载体,以高校教师与园所教师共同的沟通交流、学习研讨为形式,通过共同体成员的共同参与、彼此合作、相互支持以及贯穿这些过程的意义协商,有效实现了幼儿教师专业发展中情境学习、跨界学习与共同学习的高度融合,有效促进了幼儿教师专业发展过程和方式的变革,促进了幼儿教师专业身份的提高,提升了幼儿教师的专业素养。自从该模式在合作幼儿园推广运用以来,教师专业成长的动力被充分激发,园所呈现出前所未有的生机与活力。不同教龄、不同学历、不同成长层面的教师互相合作、取长补短,并且在高校教师的理论支持和课题带动下,幼儿园老师明确了自己努力的方向,改变了以往"有力无处使"的尴尬境地,真正地做到了"情境学习、跨界学习、共同学习"。幼儿园教师与高校老师一起做课题研讨,相互倾诉、交换观点、探讨问题、商讨对策、分享经验,他们交流的内容涉及教育活动的认识、体验、感受、考虑、见解、突发奇想等,交流的形式也是多样化的,如面对面交流、微信交流等。该模式运用以来,幼儿教师的专业成长非常快,也得到了社会和家长的普遍认可。幼儿园的园本课程做得越来越好,教师们逐步转变了观念。

第九章

幼儿教师专业发展的环境支持

第九章 幼儿教师专业发展的环境支持

第一节 幼儿教师专业发展的外部环境支持

幼儿教师专业发展是一个可持续发展的过程，政府有关部门作为重要的外部支持资源要促进幼儿教师专业发展。进一步健全教育法律法规，提高幼儿教师的工资待遇及地位，提高幼儿教师的社会地位和声誉，提高公众对幼儿教师的认可度和信任度，为幼儿教师专业发展营造良好的社会氛围。

一、建立健全教育政策法规

（一）教育政策法规对幼儿教师专业发展的意义

国家的政策法规直接决定了一项职业的地位、待遇，体现了国家、政府对该职业的重视程度。教育政策法规是教师专业发展的大环境，它为教师的基本生活、工作和学习条件提供保障，影响着教师队伍的发展规模和速度。随着教师队伍的不断发展壮大以及社会发展对教师质量要求的不断提高，人们也意识到教师专业发展的重要性。目前，幼儿教师的专业发展得到了党和国家的大力支持，教师教育质量也在不断提升。

首先，政策法规保障了幼儿教师的基本权益，对幼儿教师的基本权利和义务给予支撑，促进了高素质幼教队伍的稳定。如《中华人民共和国教育法》明确规定，幼儿园教师与中小学教师享有同等的政治和经济待遇。《中华人民共和国教师法》规定了教师的权利和义务、资格和任用、培养和培训、考核、待遇、奖励、法律责任等。

其次，政策法规明确了幼儿教师的专业身份和地位，引领了幼儿教师的专业理念，明确了幼儿教师的专业知识和专业能力。《幼儿园教师专业标准（试行）》《幼儿园园长专业标准》《幼儿园教育指导纲要（试行）》《3～6岁儿童学习与发展指南》等，以各种"标准"规范了幼儿园教师的专业发展与保教行为，为教师的专业发展建立相应的保障制度与依据。如《幼儿园教师专业标准（试行）》既有对教师专业地位的确认，也有"幼儿为本""师德为先""能力为重""终身学习"理念的引领，又不乏专业知识和能力的塑造。这些政策法规表明政府在努力构建幼儿园教师专业发展的支持保障体系，创设良好的政策保障和社会环境。

最后，政策法规为教师的专业持续发展提供了保障。党的十九届六中全会通过的《中共中央关于党的百年奋斗重大成就和历史经验的决议》提出，要"推动高等教育内涵式发展，推进教育强国建设，办好人民满意的教育"。党的二十大报告提出，

"加快建设高质量教育体系"。这些相关政策举措为教师的高质量发展提供了政策依据,还有助于塑造未来教育的发展方向。幼儿园只有深入了解和遵守这些政策和法规,明确教师的教育使命,才能对教师的专业发展提供动力支持。

(二)教育政策法规的健全与完善

教育政策法规的全面与完善要以幼儿园教师专业发展为主线,形成支持幼儿园教师专业发展的强大合力。

加强幼儿教师职业准入政策的完善性。逐步完善幼儿园教师资格认证制度,探索教师的资格分级认证,制定系统的幼儿园教师职业准入标准,推进幼儿园教师聘任制度的规范化,增强幼儿园教师专业标准的实践性。

提升幼儿园教师培养培训政策的时效性。教师培养与专业发展是一个循序渐进、长期持续的过程,目前,教师培养方面已经形成招生、培养、就业、发展一体化的教师人才造就模式。建立师范院校建设标准和师范类专业办学标准,建构起严密的办学资格审查和筛选机制、专业质量预警和介入机制,确保教师生源质量和培养质量。提高幼儿教师的培养规格层次,定期对全国、地方教师需求量以及师范生的培养规模、层次、结构进行科学预测与规划。加强职后培训的系统性与衔接性,对培训机构的准入标准和质量标准进行规定,建立教师培训的评价体系,推进职前职后教育的一体化。

建立幼儿园教师的职称评审制度。职称评定作为教师专业能力评价的一种方式,是促进教师专业发展的重要激励手段。职称是教师专业水平的一种体现,关系到教师的职业尊严和职业荣誉感,也与教师待遇密切相关。目前,我国有相当数量的幼儿园教师在职称晋升方面面临着制度性困境。幼儿园教师职称评定缺乏独立标准和任职条件,不利于幼儿园教师专业发展。

二、保障幼儿教师的工资待遇,提高幼儿教师的社会地位

教师的待遇不仅直接关系到幼儿园教师对自身职业的认同度与投入度,还影响着这一职业的吸引力。必须客观科学地评价幼儿园教师的工作,尊重教师的劳动,保障教师合理的、有尊严的报酬,确保教师基本的生活条件。建设高质量教师教育体系,必须依法保障教师待遇,提高教师社会地位,让教师成为让人羡慕的职业、受全社会尊重的职业。要调整优化教育经费支出结构,提高人员经费支出占教育经费支出的比例,尤其要切实保障义务教育教师的工资,确保义务教育教师的工资不低于当地公务员的平均工资。要提高教师的工资待遇和地位。只有这样,才能形成优秀人才竞相从教、广大教师尽展其才、好教师不断涌现的良好局面,从而提高幼儿教师的社会地位和声誉,让幼儿教师成为让人羡慕的职业、受全社会尊重的职业。

2018年,中共中央、国务院发布的《关于学前教育深化改革规范发展的若干意

见》指出,各地要认真落实公办园教师工资待遇保障政策,确保教师工资及时足额发放、同工同酬;民办园教师工资收入要参照当地公办园教师的工资收入水平;各类幼儿园应依法依规足额足项为教职工缴纳社会保险和住房公积金。在研究中我们发现,目前,公办园有大量的非在编教师,存在同工不同酬的现象,外聘教师的月平均工资远远低于编内教师,这就导致同一单位教师工资待遇的差异太大,保教质量受到很大影响。民办园教师待遇普遍偏低,一般在1 500~3 000元之间,且多数没有办理社保。这在很大程度上影响着教师的职业认同感和满意度,并造成幼儿教师流动性大的严峻问题。随着我国国家实力的提升,财政收入也有了稳定的增长,国家要重视教育事业特别是学前教育事业的发展。政府需要加大在学前教育事业上的财政投入,促进学前教育整体质量的提升;切实保障幼儿教师的经济利益,增加幼儿教师的工资收入;通过购买服务、综合奖补、减免租金、派驻公办教师等方式,建立起扶持普惠性民办幼儿园发展的长效机制,提高普惠性幼儿园幼儿教师两教一保标准配置,稳定教师队伍。这样,幼儿教师的职业认同感会提高,进而全身心地投入幼教工作,提高工作质量,推动幼教事业的进步和发展。

三、创设激励教师专业发展的幼儿园环境

良好的幼儿园文化能够为教师的专业发展提供良好的平台,激发教师的工作热情,增强教师的责任心与使命感,促进幼儿园的管理层与教师、教师与教师之间形成相互信任的人际关系,促进幼儿园教师不断进行专业学习,不断提升自己的专业发展水平。

(一) 创设良好的幼儿园文化

幼儿园文化是教师专业发展的土壤,教师的专业发展需要建构适宜的环境。幼儿园的文化建设就是要通过文化的引领,增强幼儿教师群体的凝聚力,增强他们对教育理念的理解和认同,激发他们专业发展的自主意识。

首先,树立和践行"以人为本"的管理理念。树立以人为本的管理理念,就是要把人的发展放在最核心的位置。从教育的角度来看,教育的使命是促进人的完整发展,幼儿园的教育目标是促进儿童的和谐发展。而要促进儿童的和谐发展,需要具有人文精神的教师,这就需要幼儿园树立人文关怀的理念,创设民主、和谐的管理氛围。教师是以育人为职业的专业工作者。教师在育人的同时,也有而且应该有追求个体生命价值实现的权利和正当要求。从管理学的角度看,现代管理教育强调"人"是管理的核心,学校的使命是促进人的发展,因此,学校的特征决定了只有实行民主管理,才能调动人工作的主动性和积极性,并促进教育中每一个个体的发展,促进其实现生命价值。因此,幼儿园要以教师为基础,以教师为前提,以教师为动力,以教师为目的,来组织和实施一切活动。幼儿园要尊重幼儿教师的主体地位和价值体

现,通过为教师的发展创造良好的平台来调动教师的积极性与创造性,促进幼儿园的教师与幼儿共同进步、共同发展。幼儿园的"以人为本",本质是促进幼儿的发展,把幼儿当作独立的生命个体,尊重儿童生命的完整,呵护儿童生命的完整。在此过程中,教师就是呵护儿童生命、促进儿童生命不断完整与精彩的人。因此,幼儿园"以人为本"的原点就是要关注教师个体成长,把教师看作是具有发展需要、需要人文关怀的有生命价值的个体,正视并尊重幼儿教师的成就需要和自我价值的实现需要,提供幼儿教师专业成长所需的时间、空间、制度和学习资源,为幼儿教师自我价值的实现提供平台和机会。

其次,建立能够激发教师工作热情的幼儿园规章制度。教育的使命是促进人的完善,教师的使命是促进儿童精神世界不断丰富和完善,让儿童活出生命的意义和价值,并不断产生创造的力量。如果没有具有人文关怀的教师和精彩生命的教师,就难以促进幼儿的和谐发展。我们看到的幼儿教师在教育教学中对儿童的高控,实际上是幼儿园教师过分"权威""控制"的体现。因此,幼儿园的管理就需要呵护教师的生命完整,体现教师的生命张力,促进教师的教育智慧,让教师的人生成为精彩的人生。所以,幼儿园领导要掌握管理的艺术,通过幼儿园规章制度的制定搭建幼儿教师专业成长的合作互助平台,帮助幼儿教师制订切实可行的专业成长规划,激发幼儿教师的潜能,使每一位教师都能在发挥自己优势特长的基础上创造性地开展工作。同时,教师也会对专业有更深的认同感,并在工作中不断地超越自我,完善自己。

最后,建立信任开放的人际关系。幼儿园的人际关系包括教师与管理层、教师与教师、教师与幼儿、教师与家长等之间的关系,但是奠定幼儿园关系基础的是幼儿园管理层与幼儿教师之间的关系。建立信任开放的人际关系,就是要改变传统的单纯依靠行政压力的自上而下的幼儿园组织管理体系,营造民主和谐的对话氛围,这是幼儿园管理者与幼儿教师之间的理想关系。教师在幼儿园的教育教学中能够展现自己的教育思想和观点,园长对幼儿教师的观点能够表示接纳和欣赏,同事之间能够互相交流与帮助,这会使幼儿教师感到温暖和安全。园长在接纳和欣赏的同时还应理解幼儿教师,理解教师的感受和情感,以换位思考的方式达到共情。这种助益性的人际关系是一种充满信任的关系,园长与幼儿教师之间互相信任,遇到问题同心协力地应对。幼儿教师在这种人际关系中,将会在意识以及更深的人格层面上,用一种更具建设性的、更为理智的、更主动的、更积极的方式投入学习和工作。

(二)构建学习型教师队伍

21世纪是学习化社会,学习是推动幼儿教师专业成长的重要动力。学习型教师队伍建设可以促进幼儿园形成共享、贡献、交流和宽松的氛围,把新老幼儿教师的理论知识、经验、学习智慧、教学方法等筹集起来,缩短幼儿教师自己学习探索的时间,充分调动幼儿教师学习的积极性和主动性,使幼儿教师的各种能力得到有效发挥。

在此过程中，教师的需要被看见，教师的思想被尊重，教师的专业特长和专业优势得到发挥，并在互相学习与借鉴中不断重构自己的思想体系。

首先，树立共同愿景。共同愿景是学习型教师队伍共同努力的目标，具有凝聚的力量，它可以让幼儿园内的不同个体为共同的期待和追求全力投入工作和学习。共同愿景将激发幼儿教师全身心投入所追求的理想状态，所有成员将会为实现共同的目标而合作学习、合作做事和合作探索。教师团队及团队中的每个人也将不断努力超越自己，共同促进幼儿教师专业的提升，从而体现教育的本质。如果没有共同愿景，幼儿园就缺少为共同目标而合作学习的向心力，那么学习型幼儿园就难以建立。因此，树立共同愿景是激发幼儿教师工作和学习的动力，是提升团队整体凝聚力的载体。团体内的每个成员会因为核心共同点的形成而有归属感，关系更和谐，彼此之间更加真诚与信任，从而增加深入合作的可能性。

其次，促进分享与交流。分享与交流是学习型教师队伍的核心特征。教师积极地分享自己的知识、自己学习的经验和体会的过程，也是教师的专业理解进一步深入、专业能力进一步提升的外化过程，这促使教师对自身专业理解和专业发展情况进行重新审视。另一方面，当每位教师学习同伴分享的知识经验及体会的时候，也会给予自身更好的教育点拨，更加明晰专业发展的目标和路径。在沟通与交流中，思想与思想进行碰撞，每位教师的精彩都在体现，每位教师也在精彩的对话和真诚的交流中重构自己的专业认知，获得对新知识、新技能及实践的深度理解，使自己的专业知识与理念、专业技能与方法、专业优势与智慧得到分享和支持，同时也会得到成倍的专业收获。

最后，加强教师合作。合作是学习型教师队伍构建的有效途径。"就教师的专业发展而言，教师发展其专业知识与能力并不全然依靠自己孤立地形成和改进教学的策略和风格，它更大程度上依赖于'教学文化'或'教师文化'。正是教学文化，为教师的工作提供了意义、支持和身份认同。"[①]因此，教师专业发展的最理想的方式，是一种合作的发展方式，即构建合作的教师文化。按照教师专业发展生态取向的观点，学校是教师专业生涯的主要环境，同事是教师专业生活的主要合作伙伴。师徒帮带、小组教研、参观培训等方式被灵活运用，不仅能够增强教师之间的团队合作意识，更能转变教师保守学习、成长的方式，使教师形成学习型教育教学价值观念、思维方式。

（三）立足园本教研

"园本教研"是幼儿园依据本园实际工作和教育教学特点，针对办园过程中发现的问题开展的研讨活动，其重点是基于本园、立足本园、促进本园发展。园本教研的

---

① 李新翠.学习共同体：激发教师专业自觉的发展模式[J].教师发展研究，2022(3)：71-77.

主体是教师。在园本教研中,幼儿教师作为主体不断地发现问题、解决问题,这将进一步发挥幼儿教师的创造性,增强幼儿教师的职业自豪感,激发幼儿教师的研究热情和信心,从而奠定幼儿教师作为自主研究者的地位。

首先,教育现场是园本教研的基础。只有在深入了解幼儿的学习需求、发展特点以及保育教育实际情况的基础上,才能发现真正的问题所在。教师研究教育实践,又将教育问题进行系统化总结,将园本教研的成果再运用到实践中,在实践中发现问题,再次教研、调整,再次实践,形成园本教研的良好生态循环。与此同时,教师们在实践和研究中不断成长,增强了教师的自信,发展了教师的专业能力。在这个过程中,体验教研能够真实解决实际问题的喜悦,体验教研的价值和作用,可以激发教师专业发展内驱力。

其次,研究教育问题是园本教研的核心。在教育现场中,教师需要敏锐地发现保育教育中的问题,并对其进行深入剖析。教师立足于教育实践,以研究和解决实践中的问题为核心,强调研究问题的真实性。这些问题可以是保教中的难点、幼儿的个性差异、课程实施的不合理之处等等。通过针对这些问题开展园本教研,教师们能够共同探讨有效的解决策略,提升教育教学的质量和效果。园长要注重培养教师在日常工作中的问题意识,鼓励教师积极观察教育现象,敏锐发现问题、提出问题,系统地思考问题,将教学中存在的实际问题作为教研活动的主题,自觉参与教研活动、相互探索。需要注意的是,幼儿教师对日常教育行为的思考与改进,是以关注幼儿的成长与发展、把幼儿放在首位为前提的。

最后,平等宽松的氛围是园本教研活动的保障。教研的本质是一场对话,是管理者与教师、教师与幼儿、教师与自己内心展开的对话。教研需要每一个教师把自己视角下的观点充分表达出来,这就需要所有的人是平等、尊重的关系。在这种关系下,没有顾虑地阐述自己的观点,才有真正"对话"的出现。平等、尊重,是走向对话的前提条件。对话支持了自我反思与修正,对话呈现了人与人在认知建构中的互助,对话让保教问题得以解决。因此,在教研活动过程中,园长要致力于打造民主、合作的教研氛围,并制定相关制度进行支持,鼓励和引导教师敢于发表观点、乐于相互探讨学习,只有这样,才能在幼儿园中形成良好的研讨氛围。平等宽松的氛围有助于建立园本教研共同体,形成以促进专业学习为主旨的"问题提出—专业学习—分享交流—行动研究"园本教研网络。开展教研活动、专题讲座、主题沙龙、网络研修等学习活动,可以引领教师建构领域教学知识和发展教学实践能力。在此基础上,幼儿园要注重对教师专业发展的差异评价和有效激励。在评价过程中,要注重教师专业发展的个体差异和阶段差异,针对不同发展阶段和发展水平的教师制定不同的评价标准,并根据教师的工作表现在薪酬、福利、晋升等方面制定相应的激励措施,全方位激发幼儿园教师专业发展的积极性。

第二节　幼儿教师的专业自主发展

教师专业发展的自主性是其主体性和能动性的实现,是教师在教育实践中不断探求的起点,也是教师在发展中依据其专业知识和能力进行教学的保证。教师专业发展研究经历了一个从"教师培训"到"教师教育"再到"教师学习"的演变过程①。幼儿教师的专业发展除了通过教师教育、职后培训以及教师管理评价等方面去推动外,还需要关注教师发展的主体性,充分调动教师自主发展的意识,促进教师主动学习,不断反思。只有教师自身有了发展的愿望和动力,才能真正进入专业发展的进程,并且持续发展。

一、幼儿教师自主发展是幼儿专业发展的本质要求

随着社会的进步和时代的变迁,终身学习与终身教育的理念逐渐普及,信息技术的快速发展促使知识增长的速度超越了任何一个时代,幼儿教师通过职前教育与职后培训等方式获得的知识,已不足以保证自身的竞争优势。幼儿教师只有化被动为主动,不断学习、持续发展,意识到自身专业发展的主体性,自觉地、主动地去接收新的知识、更新自身的专业结构,才能在新时代的教育改革中扮演更重要的角色,才能在更大的舞台展现自己,实现自我价值。

(一) 自主发展是提升教师质量的内在途径

传统教师专业发展观认为,教师发展是其在外部力量如师范学校、职后培训机构等的培养下不断成长的过程。它更多关注与重视培训部门在教师发展中的作用,相对忽视了教师在自我成长中的主体意识与主观能动性。教育的本质是尊重自主,弘扬人性,以人自由、自觉的发展为宗旨。教师专业发展经历了一个从"教师培训"到"教师教育"再到"教师学习"的演变过程。这一重心的转移意味着幼儿园教师仅仅被别人发展是不够的,他们必须不断地自主学习才能获得工作所必需的知识技能,最终实现自身的专业发展,并成为自身专业发展的主人。自主学习作为一种以教育教学实践为本的学习,是教育的主动学习与反思,是教师精神世界的不断充盈。有研究提出教师专业发展的三重境界,即以教育为职业的匠师境界、以教育为专业的能师境界、以教育为事业的人师境界。教师的自主发展就是为实现第三重境界的努力。具有自主学习意识的教师对自身的职业生涯有着明确的目标,并愿意为之努

---

① 刘霖芳.幼儿园园长如何以园本教研促进教师专业成长[J].现代职业教育,2019(27):278-279.

力付出,能够主动寻求专业支撑和专业引领,不断克服发展过程中的困难和困境,不断突破专业发展的瓶颈,实现新的跨越,从而体验到克服困难和迈上新台阶的成就感。学前教育正在高质量发展,幼儿教师的自主发展也需要契合教育发展的要求。教师需要不断发展、不断学习,来了解时代变迁对儿童及教育的影响,以适应新时代幼儿教师的角色。

(二)自主发展是幼儿园教师实现自我价值的内在需要

人的一生都在追求更好的自己,即在追求自我实现。人本主义心理学家马斯洛认为,每个个体在基本需要满足后,都倾向于追求自我实现。马斯洛认为,人都有表现自我、追求更好的自我的需要,人的潜能实现得越充分,人就会感到越大程度的满足。因此,每位幼儿教师都有追求更高程度专业发展的倾向性。追求自我实现应是每一位热爱自己事业的幼儿教师的普遍真实诉求,并将成为他们专业发展的源动力。在追求自我实现的过程中,他们能根据自己的实际想法进行实践,从而激发自我实现的潜能,成为自我实现者。这也就是说,幼儿教师的专业发展将不再仅仅是一种社会的要求,也是一种自我实现与超越。同时,在自我实现的过程中,个体产生高峰体验,在存在性认知的引导下,获得高度的自我同一性,产生强烈的"存在感"。为了追求这种满足感、成就感与价值感,他们将自主进行专业发展,寻找专业发展的契机,不断提升自己的专业发展水平。

在现实的情境中,大部分幼儿教师存在着专业发展意识薄弱、专业发展主动性不足、缺乏对自身专业发展有效规划、对自身的专业发展不能进行有效反思等问题,致使幼儿教师的专业发展一直无法取得理想效果。教育活动中,教师往往受限于各种上级行政领导和学校规章制度的种种约束和管控,只是完成上面布置下来的各种硬性任务,工作限于重复机械的活动中,缺乏主动性和创造性。长此以往,导致了教师的被动性、工具性和消极性,教师对职业产生迷茫、困惑,逐渐丧失了自我,由此放弃了个体发展的自我需要。在这种情况下,教师作为个体的个性特点和主体性得不到应有的尊重,教师的创造性发挥受到限制,难以获得生命的自由和创造的快乐。因此,幼儿教师发展的本质是幼儿教师自主发展。解决幼儿教师专业发展问题,除了要依靠足够的外部支持外,还要激发幼儿教师的自主发展意识,使幼儿教师愿意承担专业发展责任,能够主动自觉地寻求自身专业发展。

二、幼儿教师专业自主发展的实践路径

(一)提高创生意识,加强专业能力

教育的魅力在于创造。通过不断的教育创新,实现教育的高质量,是高质量教育体系建设的根本追求。教师成为专业人员的定位,意味着教师不再是一个"教书

匠"的角色,按部就班地传递知识,而是创造性的工作者角色。

具有创生意识的教师是促进儿童生命完整的教师。幼儿教师的职责不是仅仅传递知识与技能,而是要激发儿童的兴趣和潜能,关注儿童的个性化发展,促进不同个性特征儿童的生命成长。教师热爱幼儿,呵护儿童心中的美好,使儿童的学习和发展充满快乐,焕发出无限的光彩,把儿童带入更精彩和更有意义的人生,而教师自己也从中体会着生命的乐趣与美丽。唯有如此,教师才能对工作充满创造与热情,实现生命的张扬,体会到职业内在的尊严和欢乐。

具有创生意识的教师是拥有教育智慧的教师。教育是一种超越知识的智慧,是人的内部潜能和灵性的充分生成。"当我们在进行教育时,绝不只是意味着教师与学生之间在进行着知识或文化意义上的信息传递,更为重要的还是教师出于向善的目的,为了学生的健康成长与发展而采取的富于智慧的恰当的行动。"因此,拥有创生意识的教师在传授知识的同时,更关注知识背后的意义和价值。他们在教育教学中往往不是用知识去教育,而是用自己对人生的体验、用自己对世事的洞见、用饱满的激情、用活跃的灵魂去影响儿童。这不仅需要教师具备教育学知识、经验,更需要教师具备理念与智慧、实践与反思。

具有创生意识的教师是活出自我精彩的教师。教育的作用,不仅应该使学生,也应该使教师感受自身生命存在的美好,体悟教育对人的情感关怀。教师的育人过程也是教师的育己过程。长期以来,我们过于强调教师的"育人"功能,而忘记了塑造教师的"育己"功能。在传统的观念中,我们总是将教师比喻为蜡烛,燃烧了自己,照亮了别人,仿佛教师本应该就是无欲无求、无私奉献的,甚至于牺牲自己也是应该的。我们却忘记了教师其实也是个普通的人,教师也是有情感、有思想、有个性、有独特需要的人。许多教师表现出对工作的厌倦与衰竭,教学工作投入量降低,对待幼儿比较冷漠。这样的教师,无法激发对知识的渴望和探究的兴趣,也无法实现促进儿童发展的使命。可见,没有教师的生命精彩,教育的终极关怀则难以实现。教育的发展,必须从教师关注自我做起,教师应不断充实自己的内心世界,达到对自己、对儿童、对"人"的生命的尊重。

(二)转变孤立学习的方式,形成合作学习思维方式

教师专业发展的目标不仅在于教师对先进教育理念的了解、学习和认同,不仅在于教师对包括自身学科知识、教育学知识、通识知识在内的专业知识的拓展和丰富及对教育教学技能的提升和改进,而且在于通过对这些理念、知识和技能的充分掌握和理解,实现对职业责任和使命、对自身专业价值和意义的充分体认和察觉,最终抵达教师专业发展的内核和本质。因此,教师专业发展不是可以"传授"的,相反,它应该是关于"和老师一起工作,而不是对老师做什么"的共同学习活动。传统的教师工作是一种个体化工作,特别是幼儿园的工作,很多教师将其看作毫无技术含量、

毫无挑战性的烦琐工作,以至于有的幼儿教师一旦进入这个职业,面对这件毫无技术含量、毫无挑战性的烦琐工作提不起精神,一味地一个人"埋头苦干",久而久之形成固定、保守的教育教学思维方式。另外,幼儿园教师队伍中一个最为明显的现象就是女性占据绝对优势,她们在幼儿园教育教学中发挥了母亲和教师的双重角色,但同时其"独""特"的孤立学习方式也较为明显。随着学习型社会的建设,从教师的个人成长及群体发展来看,合作的学习方式才是促使教师成功、教育成功的前提。这就需要幼儿教师不断在教育教学实践中去体悟,在实践中不断成长。

新时代的教育是优质化的教育、个性化的教育、多元化的教育,而作为肩负推动新时代教育发展重任的教师,其专业发展的模式也须实现转型,以适应教育改革发展的进程。真正有效的教师专业发展不是将教师视为被动的接受者或新理念、新知识的容纳者,而是要从根本上唤醒教师的自主学习意识,帮助教师形成清晰的自我认知和自我意识,引导教师觉察自己的专业发展状况,确立科学合理的专业发展目标,把握自身专业发展的优势和弱势,通过多种方式实现专业发展。特别是在信息化、网络化的时代,只要教师有发展的意识和动力,就可以通过线上线下路径获取自己需要的知识和技能。因此,教师专业发展不应再是过去整齐划一式的学习,而应该基于教师的真实需求嵌入教师实际的工作场域,促使其反思自己的教育教学,从而实现定制化、个性化、实践化的学习。

(三)不断进行反思,成为反思型实践者

幼儿教师专业成长的终极追求是形成教育智慧,教育智慧的形成除了需要教师不断学习,还要用心去体悟和反思,这样知识才能融会贯通。《幼儿园教师专业标准(试行)》的基本理念是"幼儿为本,师德为先,能力为重,终身学习",其具体的三个维度是专业理念与师德、专业知识、专业能力。其中,幼儿教师的反思与发展能力,是针对幼儿教师教育教学、教育研究提出的。由此可见反思在幼儿教师专业发展中的重要性。实践、反思、再实践、再反思的循环往复过程,就是幼儿教师学习和专业成长的过程。因此,幼儿教师的反思能力是专业能力的重要组成部分,也是专业发展的重要影响因素。幼儿教师通过反思将会对教育教学中的问题和原因进行深入分析,并探寻解决策略。

在对教育教学实践的不断反思中,教师不再是课程文本静默的接受者,而是享有充分的质疑、批判、选择和重构等权利的主动者,成为反思型实践者。理论知识在教师的经验与教学情境以及周围环境的互动中,被不断否定、确证或拓展,成为教师的实践知识。把反思作为一种教育教学生活方式,使教师自觉地、持续不断地对自己的教育教学进行主动、自觉地探究。要形成反思性实践行为方式,一方面,教师要拥有理性的专业发展意识。每个教师都应清醒地意识到我们的教学实践是不完善的,因此也不可能总是正确的。有了自主发展意识的教师,就不再会把会议、培训、

教学比赛、外出学习等当作沉重的负担,而是积极参与每一次有利于自身发展的活动。另一方面,教师要具有"终身学习"的理念。《幼儿园教师专业标准(试行)》的基本理念就特别强调幼儿园教师应"具有终身学习与持续发展的意识和能力,做终身学习的典范",不断充实和提高自己的知识积累,在知识的建构过程中,更新自身的观念。教师应自觉地把常规化和习惯性的行为作为研究对象,有意识地将自己容易忽视的典型的常态教学通过特定的方式呈现出来,深刻认识教育工作和教师职业的专业属性和职责使命,明确教师专业发展的一般规律和具体状况,清晰把握自身发展的现状,坚定教师的职业信念和专业理想,主动应对职业生涯中的困难和挑战,不断更新自身专业发展状态。

综上,教师是教育事业的主要建设者和核心力量,一个国家的教育质量取决于这个国家的教师质量,而一个国家的教师质量又取决于这个国家的教师教育质量。高质量的幼儿园教师队伍是学前教育事业积极健康发展的基础和保障。在深化学前教育改革的大背景下,建设一支稳定、高质量的幼儿园教师队伍是学前教育发展的根本。教师专业发展是一个不断发展和持续提高的过程,既包括职前准备,也包括职后提高。教师专业的发展,既需要幼儿园教师把握规律,不断积极进取,加强自主学习,更需要幼儿园和政府部门提供必要的帮助和支持。结合幼儿园教育发展的趋势和幼儿园教师自身发展的需要,推动幼儿园教师教育质量的提高,才能培养造就以百万计的骨干教师、以十万计的卓越教师、数以万计的教育家型教师,建设一支高素质、专业化、创新型教师队伍。

附件1:幼儿教师专业发展访谈提纲

1. 您为什么选择幼儿教师这个职业?
2. 如果有机会选择别的职业,您是否还会选择幼儿教师?为什么?
3. 您认为幼儿教师是受人尊重的职业吗?
4. 您对自己的工资满意吗?
5. 您认为从事幼儿教师这个工作能实现自己的人生价值吗?
6. 您是如何选择所在班级的教育教学活动内容的?
7. 您觉得自己平时的工作压力大吗?您平时的情绪状态会影响教育教学工作吗?
8. 您认为学习专业理论知识有必要吗?
9. 对于人文社会知识、自然科学知识、艺术文化知识这几个方面,您哪方面比较缺乏?
10. 您觉得自己熟悉学前儿童的身心发展规律和特征吗?您觉得自己还需要了解关于儿童哪些方面的知识?
11. 您觉得自己在幼儿园教育教学哪方面的知识有待加强?
12. 您认为什么样的环境才是好的环境?您在环境创设中面临的问题是什么?
13. 您平时比较关注哪方面的环境创设?幼儿教师、幼儿和家长,您认为谁是环境创设的主体?
14. 您认为保育活动、教学活动与游戏活动的主要作用分别是什么?
15. 您平时组织的幼儿园教学活动主要形式是什么?您主要是如何进行教学的延伸活动的?您幼儿园的区域活动会和集体教学联系在一起吗?
16. 在平时的活动中,您能对儿童进行及时观察,并在此基础上对儿童进行恰当评价吗?
17. 一般在什么情况下您会和家长进行沟通?您认为自己和家长的沟通顺畅吗?
18. 您会在一天结束后对自己的教育教学活动进行反思吗?教育教学活动反思会以什么样的形式呈现?
19. 您是否愿意主动积极参加培训?您期望有什么样的培训?
20. 您期望有科研能力和写论文方面的培训吗?

附件2:幼儿教师专业发展调查问卷

尊敬的老师:

您好!本问卷的目的在于了解幼儿教师的专业发展现状,仅用于课题研究。您认真客观的回答将会对本研究有巨大的意义,感谢您真诚的合作!

一、基本信息

1. 您的性别是:①男 ②女
2. 您的年龄是:①25岁以下 ②25~35岁 ③36~45岁 ④45岁以上
3. 您的从教年龄:①不足3年 ②3~6年 ③7~9年 ④10年以上
4. 您的职称是:①高级 ②一级 ③二级 ④目前还没有
5. 您的学历是:①中专及以下 ②大专 ③本科及以上
6. 您的月收入是:①3 000元以下 ②3 000~4 000元 ③4 000~5 000元 ④5 000~6 000元 ⑤6 000元以上
7. 您的专业是:①学前教育专业 ②其他师范类专业 ③非师范类专业
8. 您现在的岗位是:①主班教师 ②配班教师 ③幼儿园保教主任及园长 ④其他
9. 您所在的幼儿园性质是:①公办园 ②私立园
10. 您选择本工作的原因是:
①出于兴趣 ②喜欢孩子 ③工作简单稳定 ④没有更好的选择 ⑤其他

二、专业发展情况

内容	选项				
	非常不符合	不符合	不确定	比较符合	非常符合
1. 我热爱幼儿教育工作,能够理解幼儿保育工作的意义					
2. 我希望可以一直在幼教行业工作					
3. 我非常喜欢幼儿,能够经常倾听幼儿的兴趣和需求					
4. 我能够尊重儿童的个体差异性,支持不同儿童的发展					

续表

内容	选项				
	非常不符合	不符合	不确定	比较符合	非常符合
5. 我非常重视环境和游戏对幼儿发展的价值,能为幼儿创造动手和亲自体验的机会					
6. 我能够在工作中注意自己的言行举行对儿童的影响,控制自己的不良情绪					
7. 我具有广博的知识,熟悉一般的自然科学知识、基础人文知识和艺术领域的知识					
8. 我熟知不同年龄幼儿的身心发展特点和规律,掌握促进幼儿全面发展的策略与方法					
9. 我能针对不同幼儿发展的差异性,采取相应的策略和方法					
10. 我熟知幼儿园的教育目标、内容、方法和基本原则,能掌握幼儿园各领域教育的学科特点与基本知识					
11. 我掌握观察、谈话、记录等了解幼儿的基本方法					
12. 我能综合运用专业知识及现代化技术等手段灵活开展幼儿园的教育教学工作					
13. 我具有较强的教育环境创设与利用能力					
14. 我能建立良好的班级秩序与规则,营造良好的班级氛围					
15. 我具有教育活动的设计、实施、评价与反思能力					
16. 我能合理安排和组织一日生活的各个环节,并充分利用各种教育契机,对幼儿进行随机教育					
17. 我能充分利用与合理设计游戏活动空间,提供丰富、适宜的游戏材料					
18. 我会鼓励幼儿自主选择游戏内容、伙伴和材料,支持幼儿主动地、创造性地开展游戏,充分体验游戏的快乐和满足					
19. 在组织教学活动时,我能充分考虑活动的趣味性、综合性和生活性,灵活采用多种教学方式和方法					

附件2:幼儿教师专业发展调查问卷

续表

内容	选项				
	非常不符合	不符合	不确定	比较符合	非常符合
20. 在教学活动中,我会尽量让每个幼儿都参与到活动中,每个幼儿都有充分表达自己的机会					
21. 我在保教活动中会观察幼儿,并根据幼儿的兴趣和需要调整活动,给予适宜的指导					
22. 我能及时发现和赏识每个幼儿的点滴进步,并给予及时的赞赏和鼓励,激发和保护幼儿的积极性、自信心					
23. 我能有效运用观察、谈话、作品分析等多种方法,客观、全面地了解和评价幼儿					
24. 我能积极主动通过微信、电话、面谈等多种方式,与家长进行沟通与交流					
25. 我能够与同事展开良好的合作,分享教育资源和经验					
26. 我能够与周围的超市、博物馆等社会资源进行合作,促进幼儿在生活中学习					
27. 我经常对自己的教育教学活动进行深入反思					
28. 我能通过教学反思不断调整自己的教育教学活动计划					
29. 我能持续学习学前教育方面的新理论、新方法,促进自我更新与发展					
30. 幼儿园经常举行公开课、教学示范课等活动,并组织教师相互评课与听课					
31. 幼儿园经常邀请专家进行入园培训					
32. 我经常参加公开课与示范课的交流					
33. 我经常参加教育行政部门组织的培训活动					
34. 我非常愿意参加各种进修、交流和培训活动					

三、教师专业发展需求

1. 您对自己专业水平的满意程度是(　)

①满意　②基本满意　③不太满意　④很不满意　⑤不清楚

2. 您认为目前最需要提高(可选填四项)( )
①教育理念　②保育教育知识　③科学文化知识　④艺术技能技巧
⑤应用现代教育技术的能力　⑥环境创设能力　⑦科研反思能力
⑧科研能力　⑨家园沟通能力　⑩观察与评价儿童的能力　⑪其他_____

3. 您认为目前哪些措施对您专业水平提高帮助大(多选)( )
①集体教研　②听课、评课　③赛课　④写反思材料　⑤参与式培训
⑥合作学习　⑦外出参观　⑧听报告、讲座　⑨师傅帮带徒弟　⑩其他_____

4. 您最常用的反思的基本形式是( )
①想写但写不出来　②写反思日记　③与同事研讨
④写成论文　⑤写期末小结　⑥意志薄弱,不能坚持　⑦其他_____

5. 您专业发展面临的主要困难依次是(按重要性排序)( )
①行政部门缺乏支持　②学校的限制　③工作压力大　④自身专业基础差
⑤社会、家庭的阻碍　⑥自信心不足　⑦意志薄弱,不能坚持　⑧其他_____

参考文献

[1] 叶澜,白益民,王枬,等.教师角色与教师发展新探[M].北京:教育科学出版社,2001.

[2] 石中英.知识转型与教育改革[M].北京:教育科学出版社,2001.

[3] 肖川.教育的理想与信念[M].长沙:岳麓书社,2002.

[4] 刘旭东.课程的价值取向研究[M].兰州:甘肃教育出版社,2002.

[5] 冯建军.现代教育学基础[M].南京:南京师范大学出版社,2004.

[6] 刘占兰.促进幼儿教师专业成长的理论与实践策略[M].北京:教育科学出版社,2006.

[7] 傅建明.教师专业发展:途径与方法[M].上海:华东师范大学出版社,2007.

[8] 姜勇.幼儿教师专业发展[M].北京:高等教育出版社,2015.

[9] 李晓波.教师专业发展[M].南京:南京大学出版社,2016.

[10] 刘义兵.教师专业发展[M].北京:高等教育出版社,2017.

[11] 朱小娟.幼儿教师反思能力培养研究[M].北京:教育科学出版社,2008.

[12] 彭兵.成就专业的幼儿教师:幼儿教师专业发展阶段研究[M].北京:北京师范大学出版社,2012.

[13] 王帅.教师专业发展:标准、内容与向度[M].北京:科学出版社,2018.

[14] 陈文心,彭征文.教师专业发展[M].北京:北京师范大学出版社,2016.

[15] 彭兵.我国幼儿教师专业发展政策回顾与展望[J].学前教育研究,2012(5):24-27.

[16] 张宇,崔吉义.从"技术理性"到"实践智慧":教师专业发展的新取向[J].基础教育研究,2012(3):19-20,23.

[17] 靳玉乐,王磊.理智取向教师专业发展的理念与策略[J].教师教育学报,2014,1(6):24-31.

[18] 唐淑红.论我国职前教师教育实践之变迁[J].江苏高教,2018(1):65-68.

[19] 赵明仁.新时代中国特色师范教育体系的内涵解读[J].华东师范大学学报(教育科学版),2018,36(4):32-34.

[20] 褚宏启.中国教育发展方式的转变:路径选择与内生发展[J].教育文化论

坛,2018(1):137.

[21] 刘军豪.幼儿园教师专业发展理论取向的分立与融合[J].基础教育研究,2019(21):29-31.

[22] 王军.论作为专业教育的教师教育:内涵、特征与路径[J].教师教育研究,2019,31(4):7-15.

[23] 顾欣.基于协同创新教师教育模式下的职前教师角色分析[J].高教学刊,2019(17):160-162.

[24] 刘佳龙.生态取向视域下教师发展的困境与出路[J].教育探索,2020(6):85-87.

[25] 赵英,朱旭东.论高质量教师教育体系建构[J].中国高教研究,2021(10):52-57.

[26] 孙微,王金本.多重取向下教师专业发展理论的比较融合[J].合肥师范学院学报,2021,39(2):71-74,93.

[27] 宋京双.教师专业发展的三重指向:理论学习、现实审视与实践技能[J].教育理论与实践,2021,41(16):42-45.

[28] 黄瑾,熊灿灿.我国"有质量"的学前教育发展内涵与实现进路[J].华东师范大学学报(教育科学版),2021,39(3):33-47.

[29] 曲铁华,龚旭凌.教师教育高质量发展:逻辑基础、理论意涵与实践路向[J].四川师范大学学报(社会科学版),2024,51(1):122-129,206.

[30] 梅兵,周彬.新时代高水平师范大学的育人使命与教育担当[J].教育研究,2022,43(4):136-142.

[31] 张建雷.高质量教育体系建设视域下的职前教师培养路径[J].教育理论与实践,2023,43(15):42-46.

[32] 杨天平,李斌强.我国职前教师实践教学发展70年:回顾与展望[J].2023(2):91-99.

[33] 欧阳宇,冯思燕,王冬明,等.教师教育一体化背景下师范生职前培养与职后发展有效衔接的策略研究[J].湖北第二师范学院学报,2023(4):97-103.

[34] 侯莉敏,刘倩.我国学前教育事业实现高质量发展的时代价值与路径取向[J].学前教育研究,2023(6):1-10.

[35] 姚致宇.李中英.陈志其.基于学习路径的教师培训经验与模式对我国幼儿园教师培训的启示[J].教育探索,2024(1):27-31.